Denise Marek und Sharon Quirt
Die vier Schlüssel

Denise Marek und Sharon Quirt

Die vier Schlüssel

Öffnen Sie die Schatzkammer des Lebens!

Aus dem Amerikanischen von Astrid Ogbeiwi

ARISTON

Die Originalausgabe dieses Buches erschien 2009 unter
dem Titel *The Keys. Open the Door to True Empowerment and
Infinite Possibilities* bei Hay House UK Ltd.

FSC

Mix

Produktgruppe aus vorbildlich
bewirtschafteten Wäldern und
anderen kontrollierten Herkünften

Zert.-Nr. SGS-COC-001940
www.fsc.org
© 1996 Forest Stewardship Council

Verlagsgruppe Random House FSC-DEU-0100
Das für dieses Buch verwendete FSC-zertifizierte Papier
Munken Premium Cream liefert Arctic Paper Munkedals AB, Schweden

Bibliografische Information der Deutschen Bibliothek

Die Deutsche Bibliothek verzeichnet diese Publikation
in der Deutschen Nationalbibliografie; detaillierte bibliografische Daten sind
im Internet unter http://dnb.ddb.de abrufbar.

Aus dem Amerikanischen von Astrid Ogbeiwi

© 2009 by Denise Marek and Sharon Quirt. Published in 2009 by Hay House
UK Ltd.
© der deutschsprachigen Ausgabe 2010 Ariston Verlag
In der Verlagsgruppe Random House GmbH
Alle Rechte vorbehalten

Umschlaggestaltung: WEISS WERKSTATT MÜNCHEN
unter Verwendung eines Motivs von: © Viktar Naumik/fotolia.com
und © javarmann/fotolia.com

Satz: EDV-Fotosatz Huber/Verlagsservice G. Pfeifer, Germering
Druck und Bindung: GGP Media GmbH, Pößneck
Printed in Germany 2010

ISBN 978-3-424-20032-4

Tretet alle ein, die Ihr Freiheit sucht.

INHALT

VORWORT

Wie sähe Ihr Leben aus, wenn Sie nicht durch negative Gedanken, ängstliche Gefühle und jene unsichere Stimme in Ihrem Inneren abgelenkt würden, die Sie davon abhält, das Beste aus sich zu machen? Haben Sie schon einmal darüber nachgedacht, was Sie alles tun würden, wenn Sie sicher wüssten, dass Sie gar nicht scheitern können?

Wie wir aus der Geschichte wissen, gibt sich der Mensch gerne mit dem Mittelmaß zufrieden, wenn er nicht herausgefordert wird. Doch die bohrende Unzufriedenheit, die Sie dazu gebracht hat, zu diesem Buch zu greifen, lässt nicht zu, dass *Sie* sich damit zufriedengeben. Weil Sie es zur Hand genommen haben, glaube ich, dass Sie bereit sind, diese Fragen aufrichtig zu beantworten. Sie sind dazu bereit, Möglichkeiten zu erkunden, die sonst für immer verloren gingen. Herzlichen Glückwunsch! Es ist ein mutiger Akt, neue Wege zu erforschen. Es ist ein Akt des Glaubens zuzugeben, dass Sie sich von Ihrem Lebensweg mehr wünschen als das alltägliche Hamsterrad, das Sie doch stets nur im Kreis herum führt.

Die Lektüre dieses Buches hat mir bestätigt, was ich aus meiner Arbeit als ganzheitlicher Arzt gelernt habe und was auch Sie jetzt lernen werden, nämlich dass der natürliche Zustand unseres Körpers und unseres Lebens ein Zustand des Friedens, der Freude und der strahlenden Gesundheit ist. Immer wenn es sich bei Ihnen anders verhält – sei es in körperlicher oder anderer Hinsicht –, dann läuft auf tieferer Ebene etwas anderes schief, so klar ihre Absicht und so felsenfest Ihr Entschluss auch gewesen sein mögen. Wie oft haben Sie ein Buch gelesen, einen Kurs besucht oder einen Workshop belegt in der festen Überzeugung, dass Sie danach Ihr Leben ändern werden, nur um dann ein paar Wochen später festzustellen, dass Sie wieder in den alten Trott verfallen sind? Warum geschieht dies immer und immer wieder? Die Antwort liegt in Ihrem Unterbewusstsein.

Die wichtigste Funktion unseres Unterbewusstseins, also jenes Teils unseres Bewusstseins, den wir nicht aktiv kontrollieren – ist unser Überleben. Das Unterbewusstsein reguliert unsere grundlegenden Körperfunktionen, von Blutdruck, Hormonen, Immunsystem, Verdauung und Entgiftung bis hin zu Muskeltonus und Alterungsprozess. Im Rahmen dieser regulierenden Tätigkeit schützt uns das Unterbewusstsein auch vor emotionalen Erlebnissen und Erinnerungen, die für uns zu schmerzlich, beängstigend oder herausfordernd sind, als dass wir sie im Moment bewältigen könnten. Dieser Teil von uns »entscheidet« oder »urteilt« nicht logisch. Er ist ein Sicherheitsventil, das sol-

che traumatischen Erlebnisse nicht in unser Langzeitge-
dächtnis vorlässt oder gar integriert.

Dr. Joe Dispenza, der seit über einem Jahrzehnt neuro-
logische Körperfunktionen erforscht und seine Erkenntnisse veröffentlicht, sagt, dass das Gehirn nicht zwischen
Vorstellung, Erinnerung oder Realität unterscheidet. Immer wenn wir auf emotionaler, biochemischer, struktu-
reller und geistiger Ebene auf die Erfahrungen reagieren,
die wir in unserem Leben machen, geschieht dies durch
einen Filter eingeschränkter Wahrnehmung oder unbe-
wusster, limitierender Überzeugungen hindurch. Daher
lassen wir ständig unbewusst die einschränkenden Überzeugungen, die wir aufgrund unserer traumatischen Erfahrungen gewonnen haben, neu aufleben, indem wir
immer wieder dasselbe tun. Und wir wissen nicht, wie wir
aus diesem Teufelskreis von Schmerz, Angst und Belas-
tung ausbrechen können oder warum uns dies nicht gelingen will.

Lassen Sie mich dies an einem Beispiel verdeutlichen: Sie
und Ihr Lebenspartner haben eine unbedeutende Auseinandersetzung. Danach verfallen Sie in eine tiefe Depressi-
on. Sie wissen gar nicht richtig, warum Sie so niederge-
schlagen sind, aber Sie können einfach nicht anders darauf
reagieren. Stimmt mit Ihnen etwas nicht? Keineswegs! Ihr
Unterbewusstsein filtert Ihre Wahrnehmung durch die
Linse einer früheren Erfahrung, die zu traumatisch oder
beängstigend war oder die Sie überfordert hat, sodass Sie
nicht damit fertig werden konnten. Auf der bewussten

Ebene können Sie sich vielleicht nicht einmal an den konkreten Vorfall erinnern, doch immer wenn Sie und Ihr Partner miteinander streiten, läuft in Ihrem Unterbewusstsein der Film des früheren Erlebnisses wieder ab.

Wenn Sie aus Ihrem Alltagstrott nicht herauskommen oder Angst haben vor dem nächsten Schritt, so sehr Sie ihn andererseits auch tun *wollen*, dann halten genau diese unbewussten limitierenden Überzeugungen, diese einschränkenden Gedanken, Sie fest. Wie sagte doch Louise L. Hay in ihrem bahnbrechenden Buch *Gesundheit für Körper und Seele*: »Alles beginnt mit einem Gedanken, und einen Gedanken kann man ändern.« Die Fähigkeit zu erkennen, dass diese Gedanken und Reaktionen aus dem Unterbewusstsein kommen, ist der entscheidende Schritt zur Überwindung der Beschränkungen, die Sie daran hindern, ein Leben zu führen, das Sie begeistert und erfüllt. Und die Schlüssel dazu liegen nun in Ihren Händen.

In diesem Buch zeigen Ihnen Denise Marek und Sharon Quirt, wie Sie Ihr Unterbewusstsein öffnen und daraufhin den Widerstand loslassen können, der Sie daran hindert, die Kraft des unendlichen Universums und Ihres unbegrenzten Geistes zu erleben. Das Buch enthält praktische Werkzeuge und Strategien für ein außergewöhnliches Leben. Es liefert Ihnen eine Anleitung, wie Sie die Verantwortung für Ihre Gesundheit, Ihre Karriere, Ihre Finanzen, Ihre Beziehungen, Ihre Gefühle, Ihre Gewohnheiten und spirituellen Überzeugungen vollständig selbst übernehmen können.

Mit den Schlüsseln, die in diesem Buch beschrieben werden – also Erkenntnis, Akzeptanz, Vergebung und Freiheit – begeben Sie sich auf einen Weg positiven Wachstums, das für Sie auch messbar ist. Mit diesem Wissen können Sie Ihr Herz öffnen und im Einklang mit Ihrem authentischen Selbst handeln.

Dauerhafte Veränderungen sind harte Arbeit. Sie erfordern Hingabe und Durchhaltevermögen. Wenn Sie eine oberflächliche Schnellreparatur suchen, dann sind Sie hier falsch. Mit diesem Buch lernen Sie, bewusster zu leben und den Mut aufzubringen, jene Seiten an sich selbst anzunehmen, die Sie bisher verleugnet haben, sowie Herausforderungen von einer Größe zu meistern, die Sie sich bisher noch nicht einmal vorstellen konnten. Sie lernen, wichtige kleine und große Veränderungen in Ihrem Leben vorzunehmen und so der starke Mensch zu werden, als der Sie geboren sind. Sie halten die Schlüssel in Händen – also gute Reise!

Mit unendlicher Liebe und Dankbarkeit

Dr. Darren R. Weissman
Autor von *The Power of Infinite Love & Gratitude*

ÖFFNEN SIE DIE TÜR ZUR SCHATZKAMMER DES LEBENS

Wäre es nicht wunderbar, wenn Sie die Schlüssel finden könnten, mit denen sich die Tür zu Ihrem vollen Potenzial öffnen ließe und es möglich wäre, sich von der negativen Stimme in Ihrem Kopf zu befreien? Was wäre, wenn Sie die Schlüssel finden könnten, die Sie von altem Schmerz sowie von Furcht und Versagensängsten befreiten? Nehmen Sie einmal einen Augenblick lang an, es gäbe tatsächlich Schlüssel, die Ihnen unermessliche Freude und inneren Frieden eröffnen könnten: Können Sie sich vorstellen, wie Ihr Leben aussähe, wenn es diese Schlüssel gäbe? Es gibt sie! Sie liegen in Ihnen, und Sie können damit die Tür zur Schatzkammer des Lebens öffnen.

Wir haben uns zusammengetan, weil wir Ihnen helfen wollen, diese Schlüssel in Ihrem Inneren zu finden. Ihre Aufgabe ist es dann, sie zu benutzen. Der Lohn ist immens. Sie können endlich all das aus Ihrer Vergangenheit auflösen, was in Ihrer persönlichen Umgebung Negativität Raum gibt. Sie verstehen Ihre Lebenssituation besser und sind in der Lage, alle Barrieren aus dem Weg zu räumen, die Sie bisher daran gehindert haben, Ihre Ziele zu erreichen. Sie entdecken, wie Sie positive Veränderungen herbeiführen und sich systematisch genau das Leben aufbauen können, nach dem Sie sich immer gesehnt haben. Sie schauen zuversichtlicher in die Zukunft und gewinnen neue Lebensfreude. Mit diesen Schlüsseln können Sie entdecken, wer Sie wirklich sind, und zu dem Menschen werden, als der Sie bestimmt waren.

Als Hilfe auf Ihrer Reise dorthin ist dieses Buch in vier Teile unterteilt:

Der erste Schlüssel – Erkenntnis
Der zweite Schlüssel – Akzeptanz
Der dritte Schlüssel – Vergebung
Der vierte Schlüssel – Freiheit

Die ersten drei Teile geben Ihnen die Schlüssel an die Hand, die Ihnen ein wahrhaft selbstbestimmtes Leben ermöglichen. Mit dem ersten Schlüssel – Erkenntnis – können Sie sich von der Kontrolle durch das Ego befreien. Sie erfahren, was das Ego ist, wie es entstand und wie es Sie manipuliert und wie Sie es besiegen können, indem Sie sich selbst zu alledem befähigen, was Sie sich wünschen.

Der zweite Schlüssel – Akzeptanz – hilft Ihnen, alle negativen Urteile über sich selbst und andere loszulassen. Endlich können Sie sich so akzeptieren, wie Sie waren, wie Sie jetzt sind und wie Sie werden können. Sie lernen auch, andere zu akzeptieren, und entdecken, wann und weshalb Sie sie verurteilt haben.

Der dritte Schlüssel öffnet Ihnen die Tür zur Vergebung. Mit ihm können Sie sich von der Vergangenheit befreien. Sie entdecken, wie Sie ihre guten Lektionen auf Ihre Lebensreise mitnehmen und die schmerzlichen Gefühle hinter sich lassen können. Schuldgefühle, Vorwürfe, Wut, Groll und andere negative Gefühle werden mit diesem Schlüssel losgelassen. Benutzen Sie ihn, um zu entdecken, wem Sie vergeben müssen und wie Sie sich und anderen vergeben können.

Mit den ersten drei Schlüsseln kommen Sie dann zum vierten und letzten – Freiheit. Dieser Schlüssel öffnet Ihnen die Tür zu unendlichen Möglichkeiten. Sie entdecken, dass Sie das Leben, nach dem Sie sich schon immer gesehnt haben, tatsächlich führen können und dass Sie der Mensch werden können, zu dem Sie bestimmt sind. Sie lernen, ehrlich und aufrichtig zu leben, stolz auf sich zu sein und Ihr Ego im Griff zu halten.

In jedem Kapitel finden Sie außerdem Affirmationen. Diese sollen Ihre Denkmuster auf eine Art und Weise ändern, die Sie stärkt. Suchen Sie sich jene aus, die Sie besonders ansprechen, schreiben Sie sie in ein Notizbuch und lesen Sie sie täglich. Das hilft Ihnen, eine positive Einstellung zu bewahren.

Am Ende jedes Kapitels finden Sie Gelegenheit, das Gelernte zu reflektieren. Auf diesen Seiten können Sie das Gelesene anhand bestimmter, dazu notwendiger Fragen an Ihre ganz persönliche Situation anpassen. Sie machen sich ein sehr großes Geschenk, wenn Sie diese Übungen machen. Wenn Sie sich die Schlüssel wirklich zu eigen machen wollen, dann müssen Sie die Zeit und die Arbeit aufwenden, das Gelernte zu verdauen, zu verstehen und in Ihrem Alltag anzuwenden. Persönliches Wachstum geschieht nicht über Nacht. Es braucht Zeit, denn es ist ein Prozess.

Das geschriebene Wort hat Kraft. Schreiben Sie deshalb Ihre Gedanken über sich selbst auf, statt nur darüber nachzudenken, was Sie gerade mit dem Verstand gelernt haben. So können Sie am Ende dieses Buches zurückblättern und noch einmal lesen, was Sie geschrieben haben. Bereits das wird Ihnen bestätigen, dass Sie vorangekommen sind: Sie haben die Kontrollmechanismen Ihres Egos erkannt, Sie haben sich selbst und andere akzeptiert, sich und anderen vergeben und Sie sind zur Freiheit gelangt.

Schreiben Sie Ihre Selbstreflexionen am Ende jedes Kapitels in Form eines Briefes auf, bevor Sie weiterlesen, denn jedes Kapitel enthält Wissen, das auf dem vorherigen aufbaut. So sind Sie wirklich für den nächsten Lernschritt bereit.

Verwenden Sie dieses Buch als ständigen Begleiter. Wenn Sie Ihre ersten vier Selbstreflexions-Briefe geschrieben haben, dann lesen Sie das Buch noch einmal und schreiben Sie neue Briefe. Sie werden staunen, wie Sie das Wissen, das auf diesen Seiten enthalten ist, bei jedem Lesen immer wieder anders anspricht. Denn bei jedem weiteren Lesen haben Sie selbst und auch Ihre Lebenserfahrungen sich verändert. Schreiben Sie so viele Selbstreflexionen auf, wie

Sie benötigen, um alte Gedanken, Wahrnehmungen und Überzeugungen Schicht für Schicht abzulegen.

Die Zahl der Briefe – und auch die Zeit, die Sie zum Schreiben benötigen – wird bei jedem alten Gedanken eine andere sein. Lassen Sie sich deshalb Zeit und finden Sie Ihr eigenes Tempo. Schreiben Sie so viele Briefe, wie *Sie* brauchen, um zum Kern Ihres wahren Wesens vorzudringen, um Ihr *authentisches* Selbst zu entdecken und Ihr wahres Ich in Ihrem Innern zu finden, das so sehnsüchtig darauf wartet, sich zu offenbaren. Sie haben es verdient, frei zu sein und ein selbstbestimmtes Leben zu führen.

Es ist an der Zeit, die Tür zur Schatzkammer des Lebens zu öffnen – machen wir uns auf die Reise!

DER ERSTE SCHLÜSSEL

ERKENNTNIS

Benutzen Sie den Schlüssel der
Erkenntnis, um sich von der Kontrolle
durch das Ego zu befreien

Ich weiß, dass das Ego eine innere Wahrnehmung ist, die durch das entstand, was ich früher gesehen, gehört und erfahren habe. Ich bin frei, meinen eigenen Gedanken zu glauben und die Kontrolle durch das Ego loszulassen.

Ein Kolibri flog durch eine offen stehende Tür in eine Garage. Bei dem Versuch zu entkommen flog der Vogel zum Fenster und schlug immer wieder heftig dagegen. Sogar als alle anderen Türen geöffnet wurden und die Freiheit nur ein paar Meter entfernt war, schlug der Vogel immer noch hektisch mit den Flügeln und warf seinen kleinen Körper gegen das unsichtbare Hindernis.

Wenn man den Vogel bei seinen erfolglosen Versuchen, durch das geschlossene Fenster zu kommen, beobachtet, dann überrascht vielleicht seine Dummheit. Wie kann er sich immer wieder gegen das Fenster werfen, ohne zu merken, dass das niemals funktionieren kann? Das wirkt lächerlich. Aber ergeht es nicht vielen Menschen ganz genauso? Wenn sie in ihrem Leben in einer unbefriedigenden Situation stecken, dann halten sie nicht inne und sehen sich nach einer offenen Tür, einer neuen Chance, einer Möglichkeit zur Verbesserung um, sondern sie rennen immer wieder gegen dasselbe Hindernis an und wiederholen negative Muster.

Das tun sie, weil sie an das glauben, was sie denken, zum Beispiel: *Ich habe keine andere Wahl. So ist es nun mal, da* kann man nichts machen. Und außerdem, selbst wenn eine Tür offen stünde, dann könnte ich sowieso nicht hindurchgehen. Ich habe weder die Zeit noch das Geld dazu. Ich bin dafür nicht stark, schlau, mutig oder erfolgreich genug, ich habe das gar nicht verdient und sehe auch nicht gut genug aus. Und selbst wenn ich das alles wäre oder hätte, und einfach hindurchginge – was sollen dann die anderen denken? Solche Überzeugungen machen uns sehr viel Angst und halten uns oft an finsteren Orten gefangen, aus denen wir dann durch eben jenes geschlossene Fenster zu entkommen versuchen.

Woher kommen solche selbstentwertenden Gedanken? Das Ego erzeugt sie. Manche Menschen verbinden den Begriff »Ego« mit Egoismus oder Eitelkeit und glauben daher, sie hätten kein Ego. Doch wir alle haben eines – ohne Ausnahme.

Einfach ausgedrückt, ist das Ego jener innere Dialog, der Ihnen sagt, wie Sie über sich selbst, über andere und über die Welt denken. Das Ego besteht aus Vorstellungen und Überzeugungen, die sich in Ihrer Vergangenheit durch die Regeln, den Glauben und den Einfluss anderer Menschen herausgebildet haben. Es ist schon seit Ihrer Kindheit ein Teil von Ihnen und nimmt bis heute ständig weiter Gestalt an. Seit dem Tag Ihrer Geburt nimmt Ihr Verstand alles auf, was Sie sehen, hören und erleben – und das alles wurde durch die Egos anderer Menschen beeinflusst. So hat sich Ihr eigenes Ego entwickelt.

Der Grund, warum Sie die Dinge auf Ihre bestimmte Art wahrnehmen und empfinden, liegt darin, dass Sie durch die Erfahrungen, die Sie gemacht, und die Rückmeldungen, die Sie darauf von anderen bekommen haben, so programmiert wurden. Diese »anderen« können Eltern, Lehrer, die Medien, die Kirche, Nachbarn sowie alle übrigen Menschen gewesen sein, denen Sie jemals begegnet sind. Stellen Sie sich zum Beispiel einmal vor, dass Ihnen Ihre Eltern als Kind regelmäßig gesagt haben, Sie seien dumm und unfähig. Was glauben Sie, was Sie dann als Erwachsener von sich halten? Wahrscheinlich betrachten Sie sich als dumm und unfähig. Womöglich sind Sie in Wirklichkeit außerordentlich klug, aber aufgrund dessen, was Ihre Eltern Ihnen früher vermittelt haben, versetzt Ihr Ego Sie in ständige Furcht und Unsicherheit, was Ihre Intelligenz betrifft.

Ein weiteres Beispiel: Wenn Sie in einer Familie aufgewachsen sind, in der alle Menschen danach beurteilt werden, wie sie aussehen oder wie viel sie wiegen, dann beurteilen Sie heute mit ziemlicher Wahrscheinlichkeit sich selbst und andere ebenfalls nach dem körperlichen Erscheinungsbild. Das kann zu Selbstzweifeln führen. Ihr innerer Dialog versucht wahrscheinlich, Ihnen Folgendes über sich selbst weiszumachen: *Ich bin dick. Ich bin hässlich. Ich bin nicht gut genug.* Wenn Sie solchen Gedanken glauben, dann lassen Sie zu, dass Ihr Ego Sie steuert.

Wenn diese negative Seite des Egos die Kontrolle über Ihr Leben hat, dann kann nichts Gutes dabei herauskommen. Sie erzeugt in Ihnen Angst, Zweifel, Schuldgefühle, Reue, Vorwürfe, Eifersucht und Wut. Sie hält Sie in altem Schmerz gefangen und blockiert Ihr angeborenes Potenzial. Womöglich fangen Sie dadurch sogar an, sich selbst und andere zu hassen und zu verletzen. Die negative Seite des Egos kann verhindern, dass Sie erreichen, was Sie sich wirklich vom Leben wünschen, oder dass Sie werden, wer Sie wirklich sein möchten. Der Gedanke an Ihre Unvollkommenheit erschreckt Sie und Sie zweifeln an Ihren Fähigkeiten. Die Sorge, was andere wohl über Sie denken mögen, kann zur Besessenheit werden. Ihr Ego kann Sie sogar davon überzeugen, dass Sie sich selbst und andere immer wieder sabotieren und missbrauchen müssen, und zwar körperlich, geistig, emotional und spirituell. Diese Seite Ihres Egos müssen Sie nicht mehr länger dulden. Denn sie dient Ihnen nicht.

Sie können sich von Ihrem negativen Ego befreien und ein positives entwickeln, das liebevoll und freundlich zu Ihnen und zu anderen ist, ein Ego, das Ihnen ein Selbstbild ermöglicht, wonach Sie alles erreichen können, was Sie möchten, ein Ego, das Ihnen durch positive Selbstgespräche Mut macht, das Sie inspiriert und aufbaut. Mit einem positiven Ego können Sie auf der Grundlage Ihres authentischen Selbst leben – und der Mensch werden, zu dem Sie bestimmt sind. Ein solches Ego erzeugt Frieden, Einfachheit und Aufrichtigkeit. Es hilft Ihnen dabei, sich ein Leben der unbegrenzten Möglichkeiten aufzubauen. Das ist das Ego, das Sie entwickeln wollen.

Dabei müssen Sie wissen, dass es ein sehr großer Unterschied ist, ob Sie ein positives Ego entwickeln oder die Realität durch positives Denken leugnen. Stellen Sie sich zum Beispiel einmal eine optimistische Frau vor, die glaubt, jeder himmle sie an und keiner sage je etwas Negatives zu ihr oder über sie. Doch in Wirklichkeit merkt sie einfach nicht, was um sie herum vor sich geht. Sie ist so von sich eingenommen, dass sie gar nichts anderes mehr wahrnehmen kann. Sie merkt nicht, dass die Menschen in ihrer Umgebung sehr wohl wissen, dass sie sich etwas vormacht, und es ihr bloß deshalb nicht sagen, weil sie ihr schönes Trugbild nicht zerstören wollen. Sie befürchten, sie sei zu naiv und zerbrechlich – denn sie leugnet die Realität.

Ein positives Ego zu entwickeln bedeutet nicht, die Realität zu leugnen, naiv zu sein oder so zu tun, als sei alles immer in bester Ordnung. Es ist sogar das genaue Gegenteil davon. Ein positives Ego zu entwickeln bedeutet, die Wahrheit klar zu erkennen und zu wissen, was in Ihrem Leben funktioniert und was nicht. Es bedeutet aber auch zu erkennen, dass Sie alle Seiten Ihres Selbst und Ihres Lebens, die Sie ändern möchten, auch tatsächlich ändern können. Das ist überhaupt nicht dumm oder naiv – es ist realistisch und stark und führt zur Selbstbestimmung.

Vielleicht erschreckt Sie die Vorstellung, ein negatives Ego loszulassen und ein positives herauszubilden, weil Sie glauben, dass das negative Ego Ihnen dient – dass es Ihnen Macht gibt, Sie stark, effizient, erfolgreich macht und so weiter. Vielleicht denken Sie, dass es Sie zu maximalem persönlichen und beruflichen Erfolg antreibt. Das ist jedoch weit von der Wahrheit entfernt.

Die Erfolge, die Sie bisher hatten, sind nicht das Ergebnis eines negativen Egos, sondern sie sind die Errungenschaften der Kämpferin oder des Kämpfers in Ihnen. Sie sind das Ergebnis der Wünsche Ihres Geistes, Ihres wahren Selbst, der Identität, mit der Sie geboren wurden und die weiß, welche Lebensaufgabe Sie erfüllen sollen und wie sie glücklich und erfüllt leben können.

Das folgende Beispiel veranschaulicht den Unterschied zwischen einem negativen Ego und Ihrem Geist: Nehmen wir einmal an, Sie haben eine Familie. Und um deren Lebensunterhalt zu sichern, fühlen Sie sich verpflichtet, sich anzustrengen und Ihr volles Potenzial zu entfalten. Dieser Drang zum Erfolg kommt aus Ihrem Geist – Ihrem wahren Selbst. Es treibt Sie an, das zu erreichen, was Sie wirklich wollen, nämlich in diesem Fall, Ihre Familie versorgen zu können.

Und nun taucht das negative Ego auf. Wenn Sie Ihr Bedürfnis erkannt haben, nämlich dass Sie beruflich vorwärtskommen wollen, meldet sich Ihr Ego: *Und was ist, wenn ich scheitere? Wenn ich keinen Erfolg habe? Wenn ich nicht für meine Familie sorgen kann?* Solche Gedanken erzeugen Angst, und Angst wiederum ist der Motor, der das Ego in Gang setzt und es antreibt. *Was wäre, wenn*-Überlegungen beeinträchtigen Ihre Erfolgsaussichten. Denn Sie fangen dadurch an, an Ihren Fähigkeiten zu zweifeln. Wenn Sie Glück haben und trotz Ihrer Ängste erfolgreich sind, dann liegt das daran, dass Ihr Geist stärker ist als Ihr Ego. Leider aber ist das bei vielen Menschen nicht der Fall.

Oft läuft es darauf hinaus, dass die Ängste Wirklichkeit werden. Sie sind also wesentlich besser dran, wenn Sie ein negatives Ego loslassen.

Der Schlüssel der *Erkenntnis* hilft Ihnen dabei loszulassen. Er hilft Ihnen, wieder die Kontrolle über Ihr Denken zu erlangen, sich vom negativen Ego zu lösen und Ihren Verstand neu zu programmieren. Entdecken Sie nun, an welchen Punkten im Leben Ihr Ego (wenn wir vom Ego sprechen, dann meinen wir von jetzt an immer seinen negativen Aspekt) Sie manipuliert hat – körperlich, emotional, spirituell und geistig. Sie können nun klar erkennen, welche Vorstellungen verhindert haben, dass Sie der Mensch werden konnten, zu dem Sie eigentlich geboren wurden. Sie stellen fest, welche Überzeugungen und Meinungen Ihnen nicht mehr auf positive Weise dienen, und lernen, sie loszulassen. Sie befreien sich aus der Kontrolle durch das Ego, damit Sie Ihr wahres, authentisches Selbst sein können.

Erkennen Sie, wann Ihr Ego sich herausgebildet hat

Ich weiß, dass mein Ego bei meiner Geburt so war wie meine Sprache – unausgebildet. Ich weiß, dass es sich nach und nach herausgebildet hat, und mit dieser Erkenntnis kann ich seine Beschaffenheit ändern, gerade so, als lernte ich eine neue Sprache.

Wenn Sie verstehen wollen, wie Ihr Ego in diesem hohen Ausmaß die Kontrolle über Sie gewinnen konnte, müssen Sie erkennen, wann Ihr Denken programmiert wurde und wann Ihr Ego sich Ihres Bewusstseins am stärksten ermächtigt hat.

Von der Geburt bis zum Alter von vier Jahren

Wir kommen ganz ohne Probleme, Ängste oder Befürchtungen auf die Welt, denn unser Ego ist zunächst unausgebildet. Doch schon mit dem Tag unserer Geburt beginnt unser Gehirn, Informationen anzuhäufen. Wir erinnern uns meist nicht daran, was im Einzelnen geschehen ist, doch wird in diesem Zeitraum unser Denken geprägt, und zwar von den Erfahrungen, die wir mit unseren Eltern machen, und von den Überzeugungen, die wir von ihnen übernehmen. Weitere Programmierungen entstehen durch andere Familienmitglieder, unsere Freunde, religiöse Institutionen, das Fernsehen und so weiter. In dieser verletzlichen Zeit können wir zu dem, was wir sehen und hören oder dem wir ausgesetzt werden, nicht Nein sagen. Unsere Erfahrungen können gut, schlecht oder neutral sein – sie werden jedoch noch nicht etikettiert oder kategorisiert. Sie werden einfach aufgenommen und im Ego abgespeichert.

Bis hierher kontrolliert oder manipuliert das Ego uns noch nicht, denn es filtert noch nicht auf der Ebene des

Bewusstseins. Stattdessen nimmt es Informationen auf und wird ausgebildet. Was wir in diesen Jahren lernen, spielt eine entscheidende Rolle dabei, wer wir in Zukunft sein werden. Die Erfahrungen, die wir in dieser Phase machen, können zu Problemen führen, die uns im späteren Leben belasten, zum Beispiel ein geringes Selbstwertgefühl, Schwierigkeiten, sich auf Beziehungen einzulassen, oder sogar krankhaftes Übergewicht oder Magersucht.

Von vier bis zehn Jahren

Dies sind die »Erfahrungsjahre«. Jetzt sind wir offen für Neues, wir nehmen alles auf, lernen und probieren aus. Wir haben noch keine Vorstellung von Negativität und sind deshalb meist noch verspielt und fröhlich. Wir haben zwar vielleicht bereits Traumata erlebt, aber die halten uns nicht davon ab, dasselbe noch einmal zu versuchen. Wir überschreiten Grenzen, um herauszufinden, wie weit wir gehen können. In dieser Zeit erlernen wir Filter, zum Beispiel: *Nein, ich kann nicht,* und: *Ich tue das nicht.* Doch obwohl diese Filter nun installiert sind, können wir die Gefühle nicht steuern, die uns antreiben.

In diesen Jahren fragen wir: *Warum? Was? Wo? Wie? Wann?* Wir fragen alle, nur nicht uns selbst. Wir nehmen alle Antworten in uns auf und fangen an, eigene Vorstellungen zu entwickeln – unser eigenes Ego. Ob es eher positiv oder negativ wird, liegt an unserem sozialen Umfeld, also daran, was man uns in der Schule, in unserer Religion und zu Hause vermittelt, und daran, wie wir deuten, was wir erleben. Mit anderen Worten: Unsere äußere Ausbildung erzeugt unsere innere Vorstellung. Wir befinden uns an einem empfindlichen Punkt im Leben und beginnen zugleich, unsere Persönlichkeit als Erwachsene zu formen. In dieser Zeit lernen wir, Angst zu haben. Das Ego fängt an, unser Denken zu steuern.

Von zehn bis 20 Jahren

In diesem Alter sind wir bereits auf eine bestimmte Vorstellung davon programmiert, wer wir sind. Wir wissen, dass wir ein Individuum sind, und wir machen eine erste Inventur der Dinge, die wir an uns mögen und nicht mögen. In welchem Ausmaß das Ego nun die Kontrolle über uns übernimmt, hängt ganz davon ab, wie wir erzogen wurden, wie unsere Eltern mit ihrem Ego umgehen und wie unsere Lehrer und religiösen Bezugspersonen ihr Ego handhaben. Außerdem kommt alles hinzu, was wir bis jetzt beobachtet und erlebt haben. Nehmen wir einmal an, man hat Ihnen in den letzten zehn Jahren ständig gesagt, Sie seien zu klein. Dann sagt Ihr Ego jetzt vielleicht: *Ich bin zu klein und ich bin nicht gut genug. Ich bin klein und werde immer klein sein und keiner wird je zu mir aufschauen.* Ihr Verstand hat diese Überzeugung bereits entwickelt.

Vielleicht haben Sie gehört, wie Ihre Sportlehrerin zu Ihrem Mathematiklehrer gesagt hat, Sie seien unkoordiniert und schrecklich dünn für Ihr Alter. Sie hätten das eigentlich nicht hören sollen, haben es aber doch mitbekommen. Fortan sehen Sie sich als dürr und völlig unsportlich an. Ihr Ego verstärkt das noch, indem es Ihnen immer wieder sagt: *Das stimmt! Du bist zu winzig und das wird immer so bleiben. Aus dir wird nie eine richtige Sportlerin.* Selbst wenn Sie Sport lieben, werden Sie ihn wahrscheinlich doch aufgeben, weil Sie sich diese Gedanken innerlich immer wieder vorbeten. Ihr Ego weiß schon, wie es absolut überzeugend auf Sie wirkt, das können Sie glauben! Ihr Denken ist programmiert, und was Sie denken, sind bloß Vorstellungen.

Von 20 Jahren bis heute

Ab dem Alter von 20 Jahren können Sie entweder all diese früheren Programmierungen aufgeben und so werden, wie Sie eigentlich sind und sich kennen, also Ihr authentisches Selbst leben, oder Sie können weiterhin so sein wie andere es Ihnen vorgeben. Wenn Sie Ihr Leben an der zweiten Möglichkeit ausrichten, dann hat Ihr Ego Sie besiegt. Ihr innerer Krieger oder Ihre innere Kriegerin – derjenige Anteil in Ihnen, der darum kämpft, Ihre Selbsterkenntnis, Individualität und Selbsterhaltung zu bewahren – ist durch die Kontrolle des Egos geschlagen.

In diesem Alter sind Sie frei von alten Einflüssen. Ob Sie nun mit ihnen oder ohne sie leben – jetzt sind Sie an einem Punkt angelangt, an dem Sie Veränderungen vornehmen können, über die niemand anderer entscheiden kann als Sie selbst. An diesem Punkt werden *Sie selbst* zum Ausbilder oder zur Ausbilderin Ihres Denkens. Sie stehen jetzt in einer Lebensphase, in der Sie von allem frei werden können, was war, und alles erschaffen können, was Sie brauchen, wollen und sich wünschen. Jetzt sind Sie fähig.

Erkennen Sie, wie Ihr Ego Sie manipuliert

Wenn die Stimme meines Egos zu laut ist, dann weiß ich, dass ich am Lautstärkeregler sitze. Ich bin auch dazu fähig, sie komplett auszuschalten.

Ihr Ego manipuliert Sie über die Angst. Egal, wer Sie sind, wenn Sie es mit der Angst zu tun bekommen – die sich übrigens auch als Sorge, Vorwürfe, Hass, Schuldgefühle, Rache und so weiter verkleiden kann – dann liegt das daran, dass Ihr Ego die Kontrolle übernommen hat. Ein Beispiel: Nehmen wir an, Sie haben Flugangst, müssen aber in ein Flugzeug steigen. Ihr Ego sagt Ihnen dann wahrscheinlich, dass Sie es lieber nicht drauf ankommen lassen sollten, denn dann würde das Flugzeug garantiert abstürzen und Sie würden dabei umkommen. Ihr Ego wird sich alle möglichen Schreckensbilder ausdenken, um Sie zu besiegen. Sogar wenn der Flug sehr wichtig für Sie ist, weil Sie durch die damit verbundene Reise große berufliche oder persönliche Fortschritte machen können, wird Ihr Ego versuchen, Sie über die Angst an Ort und Stelle zu halten. Wenn seine Stimme nur laut genug ist, werden Sie diesen Gedanken Glauben schenken und auf die Reise verzichten. In diesem Moment hat Ihr Ego die absolute Kontrolle.

Wenn dieser Anteil von Ihnen die Oberhand gewinnt, kann er Sie in allen Lebensbereichen manipulieren. Das gilt für Ihre Beziehungen, Ihre Finanzen, Ihre Gesundheit und Ihr Äußeres ebenso wie für Ihr emotionales, spirituelles und geistiges Wohlbefinden. Stellen Sie sich zum Beispiel einmal vor, Sie seien zwei Jahre alt und erleben, wie Ihre Mutter Ihren Vater anschreit, weil er zu spät von der Arbeit nach Hause gekommen ist, seinen ganzen Lohn ausgegeben hat und betrunken ist. Als Kind beobachten Sie diese Situation und entwickeln dadurch die Einstellung, man müsse vor einer solchen Situation und einem solchen Verhalten Angst haben. Diese Angst ist nun in Ihrem Ego verankert.

Die Jahre vergehen, inzwischen sind Sie selbst verheiratet. Ihr Mann oder Ihre Frau kommt eine halbe Stunde zu spät von der Arbeit nach Hause. Angst, Eifersucht und Wut steigen automatisch in Ihnen hoch. Aufgrund der Assoziation zu Ihrem früheren Erlebnis haben Sie sofort das Gefühl, Ihr

Ehepartner habe etwas Unrechtes getan. Sie betrachten die momentane Situation und weil Sie als Kind entsprechend programmiert wurden, sagen Sie: »Wie kannst du nur eine halbe Stunde später aufkreuzen, ohne mich anzurufen! Wo warst du? Bei wem warst du? Was hast du gemacht?« Jemand, der Ihre Kindheitserlebnisse nicht gehabt hat, würde vielleicht einfach fragen: »War viel Verkehr?« Das Ego hat sich gerade eben in Ihre Beziehung eingemischt.

Ihr Ego bestimmt sogar, wie sehr Sie sich selbst lieben und akzeptieren. Stellen Sie sich vor, Sie sind fünf Jahre alt, und Sie hören, wie Ihr Vater zu Ihrer Mutter sagt: »Mensch, Du hast aber um die die Hüften rum ganz schön zugelegt!« Ganz automatisch nehmen Sie diese Bemerkung Ihres Vaters über den Hüftspeck Ihrer Mutter in Ihr Ego auf.

Als Erwachsene befinden Sie sich dann in einer Beziehung – oder Sie schauen in den Spiegel, in einer Beziehung mit sich selbst – und sehen, dass Sie zugenommen haben. Ihr Ego sagt Ihnen dann in etwa: *Du wirst ganz schön fett, nicht wahr? Du siehst schrecklich aus, findest du nicht? Mit der Figur liebt dich garantiert keiner mehr.* Wieder kontrolliert Sie Ihr Ego. Es manipuliert, wie Sie sich fühlen und wie Sie denken und vor allem: wie sehr Sie an sich glauben.

Alles ist Programmierung. Wir denken und verhalten uns auf eine bestimmte Weise, weil andere uns das so beigebracht haben. Alles ist eine Geisteshaltung, die durch unsere früheren Erfahrungen entstanden ist. Deshalb wiederholen wir ständig negative Muster und stoßen immer wieder auf dieselben Hindernisse.

Jetzt wissen Sie jedoch, wie Ihr Ego Sie manipuliert. Wenn also das nächste Mal die Angst in Ihnen hochsteigt und Sie daran hindern will, zu erreichen, zu tun und zu erleben, was Sie möchten, dann hinterfragen Sie Ihre Gedanken! Nehmen Sie sich wirklich die Zeit, einen Moment lang innezuhalten und nachzuforschen, woher diese selbstbegrenzenden Überzeugungen kommen. Fragen Sie sich: *Warum empfinde ich so?*

Nehmen wir zum Beispiel einmal an, Sie befinden sich in einer Beziehung mit einer Person, die Sie misshandelt oder sehr negativ ist und Sie möchten sie verlassen. Warum sind Sie immer noch da? Warum haben Sie das Gefühl, nicht gehen zu können? Haben Sie Angst, dass niemand sonst Sie mögen könnte? Und wenn ja, warum? Glauben Sie, Sie seien nicht intelligent genug, sähen nicht gut genug aus oder verdienten keine Liebe, die Ihnen guttut? Oder glauben Sie, dass Sie nicht selbst für sich sorgen können? Woher kommen diese Gedanken? Sind sie entstanden, weil andere Ihnen das einmal gesagt haben, oder rühren sie von früheren Erlebnissen her? Oder sagt Ihnen Ihr Partner heute so etwas?

Die Frage, warum wir so empfinden, wie wir empfinden, kann uns die Augen öffnen. Mit ihrer Hilfe können wir herausfinden und verstehen, wo negative Gedanken Ihren Ursprung haben. Mit dieser Erkenntnis können Sie klar sehen, dass Ihre Meinungen weder den Tatsachen entsprechen noch hilfreich sind und meist noch nicht einmal Ihre momentane Situation zutreffend widerspiegeln. Es sind einfach nur Vorstellungen, die Sie im Laufe der Zeit übernommen haben.

Die gute Nachricht lautet: Sie können sie ändern. Ihr Ego ist ausgebildet worden, daher haben Sie auch die Möglichkeit und die Fähigkeit, es weiterzubilden und zu verändern. Ganz so, wie Sie Kurse belegen können, um einen anderen Beruf zu erlernen, können Sie auch lernen, anders zu denken. Im weiteren Verlauf dieses Buches werden Sie die Techniken dazu erwerben.

Erkennen Sie, wozu Sie fähig sind

Ich weiß, wazu ich fähig bin. Ich bin fähig, mein Ego zu besiegen und die Kontrolle darüber zu erlangen. Ich bin fähig, alles zu erreichen, was ich möchte. Ich bin fähig, selbstständig zu denken.

Ihr Ego kann Sie kontrollieren, aber es kann auch von Ihnen kontrolliert werden. Wenn Sie möchten, können Sie es vollständig beherrschen, denn Sie sind immer dazu in der Lage, eigene Gedanken zu erzeugen. Sie haben die Freiheit, selbstständig zu denken! Sie brauchen die Glaubenssätze, deren Geißel Sie waren, niemandem mehr abzunehmen. Stattdessen dürfen Sie anerkennen, dass Sie ein intelligenter, wertvoller und starker Mensch sind, der in diesem Leben Großes erreichen kann. Es gibt keine Grenzen oder Einschränkungen – außer denen, die Sie selbst konstruieren. Wenn Sie erst einmal die Kontrolle über die negativen Vorstellungen gewonnen haben, dann kann Ihr Ego Sie nicht mehr aufhalten. Dann sind Sie frei, Ihr volles Potenzial zu erreichen.

Fangen Sie damit an, sich zu sagen: *Ich bin fähig.* Sie *sind* wirklich zu allem fähig, was Sie in diesem Leben tun möchten. Schreiben Sie am besten auf der Stelle fünf Dinge auf, die Sie bereits erreicht haben und auf die Sie wirklich stolz sind. Was sind Ihre fünf größten Erfolge? Sie kennen sie. Sie wissen, wofür Sie Anerkennung bekommen haben. Sie hatten bereits Siege. Das bedeutet, dass Sie auch in Zukunft Erfolg haben können.

Sie haben ein Leben voller Möglichkeiten und Chancen – wie wir alle. Sie sind fähig, Gelegenheiten beim Schopfe zu packen und zu tun, was Ihnen Glück und Freude bringt. Sie sind außerdem fähig, sich auf Ihr erwünschtes Ergebnis zu konzentrieren und alles dafür zu tun, dass es eintritt.

Es gibt keinen Grund, warum Sie nicht das tun könnten, was Sie möchten. Solange es niemanden moralisch, spirituell oder körperlich schädigt, können Sie alles erleben, was Sie wollen. Einzig und allein Ihr Verstand bringt Sie dazu, etwas anderes zu glauben. Ihr Ego kontrolliert Sie. Doch wenn Sie das erst einmal erkannt haben, dann können Sie es ganz einfach ändern, indem Sie sich sagen: *Ich kann das. Ich bin fähig.*

Was möchten Sie wirklich? Möchten Sie beruflich weiterkommen, ihr Privatleben schöner gestalten oder Ihre finanzielle Situation verbessern? Sie können jedes beliebige Ziel ansteuern und es auch erreichen. Ganz gleich, welche Last Sie zu tragen haben oder welche Hindernisse sich Ihnen in den Weg stellen, Sie haben die Fähigkeit, sie zu überwinden. Manchmal dauert das vielleicht länger, als Ihnen lieb ist, andere Male stellt sich dafür der Triumph wie im Handumdrehen ein.

In jedem Fall aber müssen Sie den ersten Schritt tun, indem Sie wirklich glauben (und sich damit in die Lage versetzen), dass Sie dazu fähig sind – dass Sie aktiv werden, lernen und alles in Erfahrung bringen können, was Sie für die nächste Stufe auf Ihrer Lebensleiter brauchen. Andere haben es geschafft, und Sie können das auch. Was Sie auch tun müssen, damit Sie glücklicher und erfüllter werden, sagen Sie sich: *Ich bin fähig. Ich habe es verdient. Ich habe die Kraft dazu. Ich glaube, dass ich es kann – ich weiß, dass ich es kann. Und ich mache es auch!*

Möchten Sie abnehmen, damit Sie in einem gesünderen, stärkeren, schlankeren Körper leben können? Können Sie das, wenn Sie es sich für sich selbst wünschen? Natürlich können Sie das, weil Sie fähig sind. Sie können darauf achten, was Sie essen, und Sie können anders über das Essen denken. Sie sind dazu in der Lage, jeden Morgen aufzustehen, in den Kühlschrank zu schauen und sich zu sagen: *Ich bin fähig, mich für gesunde Nahrung zu entscheiden und meinen Körper gut zu ernähren. Ich bin fähig, Wasser zu*

trinken, Sport zu treiben und liebevoller mit mir umzuge-
hen. Ich bin fähig, die positiven Veränderungen vorzuneh-
men, die ich mir für mein Leben wünsche.

Möchten Sie Arzt werden? Sagen wir mal, Sie sind
42 Jahre alt und von Beruf Klempner, aber Sie wollten eigentlich schon immer Arzt werden. Können Sie Ihren Beruf wechseln? Ja, das können Sie. Sie haben immer noch
mindestens 23 Jahre Arbeitsleben vor sich. Warum gehen
Sie nicht wieder zur Schule? Wenn Sie es schon immer
wollten, warum arbeiten Sie dann nicht auch die nächsten
acht Jahre als Klempner und bilden sich nebenher fort?
Manche Menschen schließen noch im Alter von 85 Jahren
ein Studium ab. Wie machen sie das? Sie haben sich selbst
dazu befähigt. Das können Sie auch!

Was ist, wenn Sie 53 Jahre alt sind, eigentlich Ihr ganzes
Leben lang Architektin werden wollten und jetzt feststel-
len, dass Sie insgeheim noch heute davon träumen? Diese
Erkenntnis ist ein *Geschenk*. Sie ist eine offene Tür, die Sie
dazu einlädt, Ihr authentisches Selbst zu leben. Können Sie
durch diese Tür gehen? Können Sie Architektin werden?
Natürlich können Sie das. Sie konnten es schon immer.
Akzeptieren Sie es einfach.

Das Einzige, was Sie davon abhält, ist Ihr Ego. Es wird
endlos viele Gründe anführen, warum Sie das nicht können und auch gar nicht sollten. Es wird Ihnen sagen, dass
Sie dafür nicht schlau genug sind, dass Sie zu alt sind, zu
wenig Geld haben, dass Ihre Kinder Sie auslachen und Ihre
Nachbarn Sie für verrückt erklären werden und dass Ihr

Partner Sie verlassen wird. Ihnen wird jeder nur erdenkliche Grund dafür einfallen, warum Sie die notwendigen Schritte, die zu Ihrem Ziel führen, nicht unternehmen sollten. Zugegeben, die Stimme unseres Egos kann zuweilen ganz schön laut sein. Aber *Sie* sitzen am Lautstärkeregler. Bringen Sie Ihr Ego zum Verstummen, indem Sie sich bestätigen, dass Sie das können. Wenn Sie an diese Wahrheit glauben, dann besiegen Sie die Fähigkeit Ihres Egos, Ihnen weiszumachen, Sie seien machtlos. Und infolgedessen meistern Sie es.

Denken Sie aber daran, dass Ihr Ego nicht besiegt werden möchte. Im Gegenteil, es will *Sie* besiegen, also wird es wieder die Angst als Werkzeug benutzen, um Sie zu beeinflussen. Wenn es das tut, müssen Sie die Kontrolle über Ihr Denken wiedererlangen und es bezwingen. Schließlich haben Sie Ihr Ego *erschaffen*, und zwar durch das, was Sie von anderen gesehen, gehört und erfahren haben. Es ist kein *alter Ego*, es ist nichts Fremdes, das auf Ihrer Schulter sitzt. Diese Stimme haben Sie selbst ermöglicht. Jetzt müssen Sie nur noch erkennen, dass Sie sie kontrollieren können.

Untersuchen Sie zuerst die negativen Sätze, die Sie sich sagen. Zu solchen nicht gerade hilfreichen Gedanken könnte zum Beispiel gehören: *Ich kann das nicht. Wie komme ich bloß auf die Idee, es überhaupt erst zu versuchen? Ich schaffe das nie.* Solches Denken sät natürlich Zweifel und kann Sie davon abschrecken, die Schritte zu unternehmen, die am Ende Ihr Leben verändern könnten.

Stellen Sie anschließen fest, wie diese Glaubenssätze wohl entstanden sein mögen. Wie das geht, haben wir im vorangegangenen Abschnitt erläutert. Fragen Sie sich: *Warum glaube ich das?* Versetzen Sie sich als Nächstes in die Lage, aktiv zu werden. Ersetzen Sie dazu diese negativen Gedanken durch Wahrheiten, die Sie stärken. Sagen Sie sich: *Entschuldige bitte, Ego, aber jetzt bin ich am Ruder. Ich weiß, was ich im Leben erreichen will. Und ich lasse nicht zu, dass du bestimmst, was dabei herauskommt. Das ist meine Sache. Ich bin fähig, die positiven Veränderungen vorzunehmen, die ich mir wünsche. Ich kann das und ich mache das!* Auf diese Weise kann Ihr Ego Sie nicht mehr mit negativen Botschaften manipulieren. Sie haben es damit sogar völlig durcheinandergebracht und eliminiert.

Seien Sie aber nicht allzu überrascht, wenn sich Ihr Ego prompt wieder meldet, sobald Sie das nächste Mal die eingefahrenen Gleise verlassen wollen. Dann könnte es zum Beispiel sagen: *Letztes Mal habe ich das richtig gut hinbekommen. Aber was ist, wenn ich dieses Mal versage?* Sie können es auch dieses Mal wieder ausschalten, indem Sie solche negativen Selbstgespräche durch Aussagen folgender Art ersetzen: *Letztes Mal habe ich das richtig toll gemacht, und dieses Mal wird es sogar noch besser, weil ich nämlich so vieles gelernt habe.* Wenn Sie Ihren inneren Dialog auf diese Weise ändern, gewinnen Sie schneller das Selbstvertrauen zum nächsten Schritt auf Ihr Wunschziel zu. Und je öfter Sie solche Selbstgespräche ins Positive wenden, desto weniger hat Ihr Ego Sie im Griff. Sobald Sie erst einmal erkannt haben, dass Sie voll und ganz die Kontrolle haben, ist es Ihnen wirklich möglich, vorwärtszukommen und an Ihr Ziel zu gelangen.

Jetzt wissen Sie, warum und wie Ihr Ego Sie kontrolliert hat und dass Sie in der Lage sind, all Ihre Gedanken zu verändern. Mit diesem Wissen können Sie ein selbstbestimmtes Leben führen. Sie können völlig frei sein von einem negativen Ego. Sie sind fähig, sich diese Tatsache jeden Abend beim Zubettgehen selbst zu bestätigen und sich ihrer zu versichern.

Sagen Sie sich heute Abend: *Ich bin fähig, morgen früh aufzuwachen und ein besserer Mensch zu sein. Ich kann heute Abend früh ins Bett gehen, wenn mir das guttut, und muss nicht so lange arbeiten – ich bin aber genauso dazu fähig, lange auf zu bleiben und ein Projekt abzuschließen, ohne alles vor mir herzuschieben, wenn das das Beste für mich ist. Ich bin in der Lage, jeden Gedanken in meinem Verstand zu verankern, den ich gerade brauche, und dann morgen früh als ein besserer und stärkerer Mensch aufzuwachen.* Wozu Sie auch fähig sein möchten, versichern Sie sich dessen. Es wird Ihr Leben verändern.

Erkennen Sie, wer Sie sind

Ich frage mein inneres Selbst: Wer bin ich? Und ich antworte aus meinem wahren authentischen Selbst heraus – nicht kontrolliert durch die Vorstellungen anderer. Einzig und allein meine ureigene Antwort auf diese Frage akzeptiere ich. Ich schaue in den Spiegel und sehe einen Menschen, der zu allem fähig ist und all das verdient hat, was er möchte und braucht.

Um feststellen zu können, wozu Sie fähig sind und wer Sie werden möchten, müssen Sie zunächst erkennen, wer Sie ohne das Ego sind – ohne die Vorstellungen, Regeln und Auffassungen anderer. Nehmen Sie sich die Zeit zu entdecken, wer Sie aus tiefstem Innerem sind, damit Sie Ihr authentisches Leben führen und wahrhaft Sie selbst sein können. Sie brauchen sich dazu nicht in tiefe Meditation zu versenken oder in Hypnose zu begeben, sondern Sie müssen lediglich eine Eigendiagnose erstellen. Fragen Sie sich dazu zuerst: *Wer bin ich?*

Schauen Sie in den Spiegel, blicken Sie sich dabei direkt in die Augen und stellen Sie sich diese Frage. Suchen Sie die Antwort jenseits Ihrer körperlichen Erscheinung, schauen Sie hinter Ihre Hautfarbe und Ihre Körperformen. Denn all das sind Sie nicht – das ist lediglich der Körper, in dem Sie wohnen. Stützen Sie Ihre Antwort auch nicht darauf, was Ihre Eltern, Ihr Ehepartner, Ihre Kinder, Ihr Arbeitgeber, religiöse Autoritätspersonen, Ihre Lehrer oder die Gesellschaft über Sie sagen oder von Ihnen erwarten. Was sie sagen, sind nur deren Vorstellungen. Ihre Aufgabe lautet aber zu entdecken, wer Sie ohne Ego sind. Außerdem sind Sie nicht das, was andere früher über Sie gedacht haben oder jetzt über Sie denken. Sie sind *Sie* – seien Sie *Sie selbst*. Leben Sie Ihr *Ich*.

Überlegen Sie im Moment einfach, wer Sie jenseits dessen sind, womit Sie Ihren Lebensunterhalt verdienen. Vielleicht sind Sie ja Angestellte, Geschäftsführerin, Bauer, Fabrikarbeiter, Profisportlerin, Kanalarbeiter, Polizist, Unternehmer, Zahnärztin oder Feuerwehrmann, aber darüber hinaus sind Sie auch ein Individuum, das sich weiterentwickeln und Selbsterkenntnis gewinnen möchte. Schauen Sie hinter die Rollen, die Sie in Ihrer Familie oder in der Gesellschaft spielen, denn Sie sind zwar vielleicht Mutter oder Vater, Ehefrau oder Ehemann, jemandes Kind und jemandes Nachbar, aber Sie sind auch Geist – eine Seele – mit einer eigenen einzigartigen Identität.

Wer ist dieses Individuum in Ihnen? Wer sind *Sie*? Legen Sie Schicht um Schicht frei und entdecken Sie Ihr authentisches Selbst. Enthüllen Sie das Individuum, das Sie vielleicht vergessen haben oder verschwunden glaubten. Selbst wenn Sie sich jetzt ganz verloren vorkommen – Sie sind es nicht. Sie sind da. Vielleicht verstecken Sie sich vor dem Schmerz und scheuen als gebranntes Kind das Feuer. Viel-

leicht wollen Sie die Wahrheit nicht sehen oder nicht noch
einmal all die Vorstellungen betrachten, die Ihnen vermittelt haben, Sie seien unfähig. Aber jetzt wissen Sie, dass Sie
alles tun können, was Sie tun möchten. Sie können Ihr Leben schöner machen, wenn Sie sich nur die Zeit nehmen,
herauszufinden, wer Sie sind.

Wenn Sie zum Kern dessen vorstoßen wollen, wer Sie
wirklich sind, dann stellen Sie sich folgende Frage und lau-
schen Sie, welche Antwort in Ihrem Geist widerhallt: *Was
gibt mir Erfüllung?*

Achten Sie darauf, welche der vielen Dinge, die Sie tun,
sich in Ihrem Herzen gut anfühlen. Vielleicht sind Sie ja
zum Beispiel heute Morgen aufgewacht und haben Ihrer
Nachbarin einen Laib selbst gebackenes Brot gebracht,
weil Sie es schön finden, anderen etwas abzugeben. Vielleicht haben Sie etwas von Ihrer Zeit verschenkt und einen
Abend mit einem älteren Menschen verbracht, der sich
einsam fühlte. Wenn das zutrifft, dann sind Sie ein freigebiger Mensch – das gehört zu Ihrer Identität.

Vielleicht erinnern Sie sich daran, einmal einer Frau geholfen zu haben, die sich am Arm verbrannt hatte. Sie
wussten genau, was zu tun war, und der Arm heilte. Das
war wunderbar. Außerdem erinnern Sie sich, wie Sie vor
sechs Jahren jemandem mit einer Halsentzündung ein bestimmtes Naturheilmittel empfohlen haben, das auch tatsächlich geholfen hat. Und letztes Jahr haben Sie Ihrer
Mutter geholfen, als sie sich eine Nackenverletzung zuge-
zogen hatte. Das bedeutet, dass Sie womöglich ein Heiler

oder eine Heilerin sind. Auch das könnte ein Teil dessen sein, wer Sie sind.

Erstellen Sie eine Liste, die Sie beschreibt. Alle Beschreibungen zusammen ergeben Ihre wahre Identität. Sie zeigen Ihren Geist. Außerdem ist es wichtig, diese Aspekte Ihrer selbst zu kennen, denn jeder für sich ist eine Ihrer Lebensaufgaben. Ihr inneres Selbst wird sich erkannt und gestärkt fühlen, wenn Sie sie entdeckt haben. Wir sind alle ohne Ausnahme hier, um eine höhere Aufgabe zu erfüllen, und besitzen von Geburt an die Fähigkeit und das Wissen dazu. In vielen Kulturen auf der ganzen Welt glaubt man, dass wir hier auf der Erde sind, um zu dienen, um eine Bestimmung zu erfüllen, um ein Geschenk aus den geistigen Ebenen zu überbringen.

Es gibt viele verschiedene Aufgaben – zum Beispiel Lehrer, Ratgeber, Heiler und Leiter, um nur einige wenige zu nennen – und jede von ihnen hat zahllose Unterkategorien. Wie viele tausend unterschiedliche Arten von Heilern gibt es? Es gibt Heiler für Körper, Geist und Seele, und die verschiedenen Heilberufe arbeiten auf der körperlichen, der metaphysischen und der psychologischen Ebene. Und die Liste ließe sich endlos fortsetzen. Halten Sie einen Moment inne und fragen Sie sich: *Was möchte oder muss ich aus meinem tiefsten Inneren heraus in diesem Leben tun? Bin ich Lehrer, Heiler, Leiter, Ratgeber oder etwas anderes? Was fühlt sich für mich richtig an?*

Wie viele Aufgaben sollen wir hier erfüllen? Das kommt darauf an. Vielleicht haben Sie eine einzige große Aufgabe oder mehrere kleine. Die Antwort auf diese Frage kennen nur Sie selbst – aber Sie kennen sie! Sie liegt in Ihrem Inneren. Finden Sie sie, indem Sie noch einmal genau prüfen, wer Sie ohne Ego sind. Finden Sie dazu heraus, was Ihnen Erfüllung vermittelt, und fragen Sie Ihr authentisches Selbst regelmäßig: *Welche Aufgaben soll ich hier erfüllen?*

Weitere Hinweise auf Ihre Bestimmung liegen in Ihren Stärken, also in den Dingen, in denen Sie besonders gut sind. Das ist deshalb so, weil Sie mit allem geboren wurden, was Sie für Ihre Aufgabe brauchen. Alle Instrumente, alle Fertigkeiten und alles Wissen haben Sie bereits. Daher sind Sie in bestimmten Dingen ein Naturtalent. Vielleicht malen Sie wunderbare Bilder oder kochen die köstlichsten Gerichte; vielleicht können Sie auch überzeugend reden, sind eine begabte Sportlerin oder haben einen erstaunlichen Geschäftssinn. Das alles sind Begabungen. Sie sollen Ihnen helfen, die verschiedenen Rollen zu erfüllen, die Sie für Ihre Aufgabe brauchen.

Sie sehen also: Um Ihre Bestimmung erfüllen zu können, übernehmen Sie bestimmte Funktionen. Wenn Sie zum Beispiel hier als Lehrerin dienen sollen, dann werden Sie vielleicht Motivationstrainerin, Autorin, Coach, Mutter oder Universitätsprofessorin. Wenn es Ihre höhere Aufgabe ist, als Heiler zu wirken, dann werden Sie vielleicht Arzt, Physiotherapeut oder Heilpraktiker.

Um Ihre Aufgabe erfüllen zu können, müssen Sie einen bestimmten Weg einschlagen. Bleiben wir beim Beispiel des Heilers. In diesem Fall werden Sie vielleicht an einem bestimmten Punkt auf Ihrem Lebensweg selbst zum Patienten oder erleben an einem anderen Punkt, dass eine Freundin medizinische Hilfe braucht. Oder Sie haben einen Partner, der Sie unterstützt und Ihnen Mut macht, wenn Sie sich weiterbilden, um einen entsprechenden Abschluss zu machen. Wenn Sie wissen, wer Sie sind, und Ihre Aufgabe kennen, dann müssen Sie sich regelmäßig fragen: *Bin ich auf dem richtigen Weg?*

So sorgen Sie dafür, dass Sie bei der Sache bleiben. Diese Selbstreflexion führt Ihnen jeden Schritt, den Sie unternehmen, bewusst vor Augen. Wenn Sie wissen, wer Sie sind und welche Aufgabe Sie hier erfüllen sollen, dann hat Ihr authentisches Selbst die Kontrolle über Ihr Leben. Ihr Weg ist gesichert, ungefährdet und selbstbestimmt. Sie merken, wenn Ihr Ego Sie vom Kurs abgebracht hat und Sie eine falsche Richtung eingeschlagen haben.

Nicht alle Wege führen Sie dahin, wohin Sie sollen. Das gilt ganz besonders dann, wenn Sie einer Route folgen, die Ihr Ego vorgezeichnet hat. Leider müssen sehr viele Menschen feststellen, dass sie auf genau einer solchen Straße unterwegs sind. Das liegt unter anderem daran, dass die Gesellschaft schon seit vielen Generationen nicht mehr innegehalten und dem Einzelnen gesagt hat: *Warte mal. Du musst nicht blind alles glauben, was ich dir gesagt habe. Glaube lieber an das, was* du *für richtig hältst. Folge nicht* meiner *Anleitung, sondern höre auf* deine *innere Weisheit. Sei nicht der Mensch, der du* meiner *Meinung nach sein sollst, sondern sei* du *selbst.* Viel zu oft sagt man uns, wir sollten wie jemand anderer sein statt einfach wir selbst – wir sollten sein, wie sie sind, glauben, was sie glauben, und denken, was sie denken.

Nehmen wir zum Beispiel einmal an, Sie haben unter anderem eine Lebensaufgabe als spiritueller Lehrer und verspüren daher im Innern die Sehnsucht, buddhistischer Mönch zu werden. Sie hegen den starken Wunsch, diesem Weg zu folgen und diese Rolle auszufüllen. Zugleich baut sich aber Ihre Mutter vor Ihnen auf und sagt: »Ich bin deine Mutter, und ich sage ich dir, dass du Zahnarzt werden sollst. Ich bin selber Zahnärztin, also musst du auch Zahnarzt sein.« Wenn Sie in diese Ego-Falle tappen, Ihren Herzenswunsch ignorieren und Zahnarzt werden, dann wird das kein angenehmer Weg für Sie. Womöglich betreiben Sie die erfolgreichste Zahnarztpraxis der ganzen Stadt und kommen dennoch jeden Abend nach Hause und denken: *Was für ein Scheißjob!* Das liegt daran, dass Ihr authentisches Selbst weiß, dass Sie nur dann, wenn Sie Ihrer wahren Bestimmung folgen und buddhistischer Mönch werden, Ihre Lebensaufgabe erfüllen und inneren Frieden, Freude und Glück finden werden. Dennoch verharren Sie in Ihrem Beruf als Zahnarzt und fühlen sich eingeengt, elend und unzufrieden. Wenn Sie solch unangenehme Gefühle befallen, dann stellen Sie sich die Erkenntnis-Fragen: *Wer bin ich? Was gibt mir Erfüllung? Was soll ich in diesem Leben tun? Bin ich auf dem richtigen Weg, diese Aufgabe ohne die Kontrolle des Egos zu erfüllen?*

Stützt sich der Weg, den Sie im Moment beschreiten, auf Ihre wahre Identität? Führt er Sie dahin, wo Sie der Mensch werden können, der Sie sein müssen, damit Sie Ihre Aufgabe erfüllen können? Wenn nicht, dann können Sie Ihren Weg ändern. Und zwar unabhängig davon, was die Gesellschaft dazu sagt. Es ist egal, was andere denken. Wenn Sie Arzt sind und erkennen, dass Sie Ihre Aufgabe nur dann erfüllen können, wenn Sie Klempner werden, wer sagt dann, dass Sie den Beruf nicht wechseln dürfen? Wenn Sie in Ihrer Beziehung stark kontrolliert werden, aber Ihre wahre Identität erfordert, dass Sie frei sind, um einen Schulabschluss nachzuholen oder sonst etwas zu tun, was Sie tun müssen, um der Mensch zu werden, der Sie werden müssen – wer kann Sie dann davon abhalten zu gehen? Wer kann Sie daran hindern, einen anderen Weg einzuschlagen? Wenn Sie Ihr Ego zum Schweigen bringen können, dann kann Sie nichts und niemand aufhalten oder Ihnen sagen, wer Sie sein sollen.

Lassen Sie zu, dass Ihr Geist über Ihren Weg entscheidet und nicht Ihr Ego. Lassen Sie Ihr Leben von Ihrer höheren inneren Führung steuern. Sie können das. Sagen Sie sich: *Ich kann alles tun, was ich will. Ich kann diesen Weg weitergehen oder ihn verlassen. Egal, was ich tue, ich kann mein Leben schöner machen, weil ich frei bin. Ich bin innerlich frei und kann mir gegenüber ehrlich zu dem stehen, was ich will. Ich muss sein, wie ich bin, und nicht, wie andere mich haben wollen.*

Wenn Sie jetzt zum Kern Ihres authentischen Selbst vorgedrungen sind und wissen, welche Rollen und Wege Ihnen helfen, Ihre Aufgaben zu erfüllen, dann schauen Sie noch einmal in den Spiegel und fragen Sie sich: *Wer bin ich?* Wen sehen Sie tagtäglich, wenn Sie sich selbst betrachten? Sehen Sie immer noch denselben Menschen wie früher oder haben Sie zugelassen, dass Ihr wahres Selbst sich zeigt? Loben Sie sich für Ihre Entwicklung – Sie werden gerade Ihr Ego los.

Selbstreflexion: Wer bin ich ohne Ego?

Heute kenne ich mein Ego, meine wahren, authentischen Gedanken und meine Gefühle. Ich weiß, dass ich die Kontrolle über dieses Leben habe. Mir ist klar, wer ich bin und wer ich sein will. Ich kenne mein inneres Selbst und mein Bedürfnis nach innerem Wachstum. Ich kenne meine Vergangenheit und weiß, dass ich sie heilen kann.

Jetzt halten Sie den Schlüssel der Erkenntnis in der Hand. Sie kennen das Ego und seine Kontrollmechanismen und Sie wissen, was Sie alles erschaffen können. Jetzt ist es an der Zeit zu reflektieren, was Sie gerade entdeckt haben. Eine Möglichkeit dazu ist, sich selbst einen Brief der Erkenntnis zu schreiben.

Sinn und Zweck dieses Briefes ist es, tiefer darüber nachzudenken und besser zu verstehen, wer Sie ohne die Kontrolle durch das Ego sind. Behalten Sie diesen Sinn und Zweck vor Augen und beginnen Sie mit einer Absichtserklärung. Sie sorgt dafür, dass Sie bei der Sache bleiben. So eine Absichtserklärung könnte folgendermaßen aussehen:

Mit diesem Brief verbinde ich die Absicht, mein wahres Selbst ohne die Kontrolle durch das Ego klarer zu erkennen.

Formulieren Sie dann mit dieser Absicht vor Augen in Ihrem Brief Ihre persönlichen Antworten auf die folgenden drei Fragen:

- Wer bin ich ohne die Kontrolle durch das Ego?
- Wer will ich sein?
- Was will ich von diesem Leben?

Stützen Sie Ihre Antworten nicht darauf, was Ihre Eltern, Ihr Partner, Ihre Nachbarn, Ihre Lehrer oder sonst jemand von Ihnen erwartet oder über Sie gesagt hat. Antworten Sie einfach auf der Grundlage dessen, was Sie über sich selbst wissen – jetzt, in diesem Augenblick.

Sie wissen, wer Sie sind. Wurden Sie zum spirituellen Führer, zur Lehrerin, zum Vater, zur Motivationstrainerin, zum Schriftsteller und/oder zur Künstlerin geboren? Sind Sie als ein Mensch gedacht, der liebevoll und freigebig ist? Wer sind Sie? Sie könnten sich zum Beispiel so beschreiben: *Ich bin stark, fähig und klug. Ich bin sehr begabt und verspüre großes inneres Glück. Ich bin emotional offen. Ich bin eine gute Mutter und stolz auf meine Kinder. Ich spreche mehrere Sprachen und freue mich darüber. Ich bin eine Heilerin und ein freigebiger Mensch.*

Denken Sie dabei stets daran, dass Sie der einzige Mensch sind, der diesen Brief je lesen wird. Daher können Sie ganz unbedenklich die Wahrheit darüber schreiben, wer Sie zu sein glauben. Seien Sie vollkommen ehrlich zu sich. Das bedeutet, dass Sie bei aller Konzentration auf Ihre positiven Eigenschaften auch ehrlich bei den Aspekten sein müssen, die nicht ausschließlich positiv sind. Denken Sie daran: Es ist *Ihre* Wahrheit – das, was Sie über sich selbst wissen, und nicht das, was andere Ihnen gesagt haben.

Vielleicht können Sie so aufrichtig sein und zum Beispiel sagen: *Ich glaube, ich bin keine besonders gute Vorgesetzte. Ich bin nicht sehr nett. Ich bin manchmal streng zu meinen Mitmenschen.* Oder womöglich sagen Sie sogar: *Ich bin ein Lügner. Ich bin ein Dieb. Ich bin ein Betrüger.* Wie auch immer, antworten Sie ehrlich. Was belastet Sie? Kontrolliert es Sie? Möchten Sie das so oder träumen Sie von etwas Besserem? Wer möchten Sie sein – ein liebevoller Vater, eine treue Ehefrau, ein vertrauenswürdiger Freund? Sie sind fähig, ein solcher Mensch zu werden.

Beschließen Sie, wer *Sie* werden wollen. Vielleicht sind Sie Lehrerin, wollten aber schon immer Sängerin werden. Warum unternehmen Sie nicht sofort erste Schritte, die Sie diesem Traum näherbringen? Was hält Sie davon ab? Sie können vor einer Klasse sprechen, warum dann nicht auch vor Publikum singen? Vielleicht wollten Sie immer Tierarzt werden, sind jetzt aber Mechatroniker, oder womöglich wollten Sie Künstlerin werden, sind aber Polizistin? Wollten Sie vielleicht sogar schon als Kind etwas Bestimmtes werden, tun oder erreichen, wurden dann jedoch von der Gesellschaft, Ihren Angehörigen, der Kirche, Ihren Lehrern etc. nach deren Vorstellungen umgeformt? Wenn Sie erkennen, dass Sie immer noch etwas anderes sein wollen, als Sie heute nach außen hin scheinen, dann können Sie diese Veränderung vornehmen. Lassen Sie sich nicht vom Ego weismachen, das aus dem einen oder anderen Grund nicht zu können. Sprechen Sie sich diese Fähigkeit ausdrücklich zu und bestätigen Sie sich das in diesem Brief der Erkenntnis. Werden Sie dieses authentische Selbst und leben Sie Ihre Aufgabe. Folgen Sie *Ihrem* Herzen.

Vielleicht leben Sie bereits im Einklang mit Ihrem wahren Selbst. Vielleicht haben Sie beschlossen, Zahnärztin zu werden, und kommen zu der Erkenntnis: *Mir gefällt, was ich bin. Ich bin so stolz darauf, jeden Morgen aufzustehen, zur Arbeit zu gehen und jemandem zu helfen. Ich erfülle meine Lebensaufgabe als Zahnärztin und kann dabei anderen helfen und sie heilen. Ich bin im Einklang mit dem, was ich bin, und das ist nicht vom Ego gesteuert. Das echte Ich in mir sagt, dass ich stolz bin.* Wenn Sie zufrieden sind mit der Tatsache, Ihre Aufgabe zu kennen und Sie gut zu erfüllen, dann schreiben Sie das so hin.

Fangen Sie damit an, sich Ihre Wünsche zu erfüllen, indem Sie Ihren Brief der Erkenntnis schreiben. Um Ihnen den Anfang etwas leichter zu machen, haben wir einen Musterbrief entworfen, der Ihnen einen ersten Eindruck vermitteln soll. Denken Sie aber daran, dass dieser Brief nur zu Ihrer Orientierung dient. Ihr eigener Brief wird mehr oder weniger stark davon abweichen. Außerdem werden Sie feststellen, dass dieser Musterbrief (wie auch die drei übrigen in diesem Buch) sehr allgemein gehalten ist. Ihre Briefe werden wohl sehr viel mehr ins Detail gehen.

Wenn Sie Ihren Brief der Erkenntnis schreiben (und das gilt auch für die weiteren drei Briefe, zu denen wir Sie in den folgenden Kapiteln noch anregen möchten), dann suchen Sie sich dazu eine Zeit aus, in der Sie sich ohne Ablenkungen ausschließlich auf Ihre Gedanken konzentrieren können. Machen Sie sich von allem anderen frei, was Ihnen im Kopf herumgeht, und konzentrieren Sie sich allein auf Ihre Gefühle und Gedanken. Wenn Ihnen irgendetwas anderes in den Sinn kommt, das nichts mit Ihnen zu tun hat, dann lassen Sie es einfach vorbeifließen und kehren Sie wieder zu Ihrer eigentlichen Absicht zurück.

Muster für einen Brief der Erkenntnis

Liebes Selbst,

mit diesem Brief verbinde ich die Absicht, mein wahres Selbst ohne die Kontrolle durch das Ego klarer zu erkennen. Wenn ich darüber nachdenke, wer ich wirklich bin, dann betrachte ich mich so, wie ich heute bin – nicht gestern und nicht morgen –, sondern genau in diesem Augenblick.

Ich bin ein menschlicher Geist, der eine Existenz als Mensch durchlebt. Ich sehe mich heute als liebevoll, verspielt, offen, mitfühlend, jung, schön, freundlich, freigebig, ehrlich, friedlich und achtsam an. Ich habe einen guten Geist und ein großes Herz. Ich sehe mich als jemand an, die sich um eine sehr gute Gesundheit bemüht und sich so akzeptiert, wie sie wirklich ist. Ich kann sehr gut reden und Inhalte vermitteln. Weil ich eine ausdrucksstarke Rednerin bin – gleich, ob im Fernsehen, im Radio oder im persönlichen Gespräch – kann ich andere heilen, lehren, motivieren und inspirieren.

Ich weiß, dass ich eine Lehrerin bin. Schon mein ganzes Leben lang habe ich meinen Mitmenschen immer wieder etwas beigebracht. Ich kann auf die Bühne gehen und vor Tausenden von Menschen sprechen. Ich habe mir in diesem Leben diesen Weg gewählt, um gut dienen zu können. Mein Ego wird das nicht kontrollieren und ich werde auch nicht zulassen, dass die Angst es kontrolliert. Vielmehr akzeptiere ich, dass dies meine wahren Gaben sind, und bin dankbar dafür.

Ich weiß, dass ich zugelassen habe, dass mein Ego kontrolliert, wie ich meine körperliche Erscheinung empfinde. Ich hatte in meinem Leben schon mit Essstörungen zu kämpfen. Ich habe darum gerungen, meinen Körper zu akzeptieren, und bin schon wegen der geringsten Gewichtszunahme schrecklich mit mir ins Gericht gegangen. Ich weiß, dass mein Ego mich kontrolliert hat und mir weismachen wollte, ich müsse in eine bestimmte Konfektionsgröße passen, wenn ich in einer Gesellschaft Fuß fassen wolle, die sehr stark nach dem Äußeren urteilt. Ich bin nun zu der Erkenntnis gekommen und akzeptiere voll und ganz, dass ich nicht zuzulassen brauche, dass mein Verstand mich kontrolliert und mir einredet, ich müsse ein bestimmtes Gewicht halten. Dabei ist es gleichgültig, was die Gesellschaft denkt und was ich bisher erlebt habe. Ich kann gelassen bleiben, weil ich weiß, dass mein Körper fit und gesund ist. Ich weiß jetzt, dass ich glücklich und zufrieden mit mir sein kann, so wie ich bin, ganz unabhängig von meiner Kleidergröße. Es ist in Ordnung, wenn ich weiterhin etwas für meine Gesundheit und meine Fitness tue, damit ich meine Aufgabe erfüllen und mich in meiner Haut wohlfühlen kann. Doch jetzt achte ich auf meine körperliche Verfassung, weil ich es selbst so will und nicht weil die Gesellschaft meint, ich müsse eine bestimmte Konfektionsgröße haben. Ich weiß das jetzt und ich akzeptiere es voll und ganz.

Außerdem habe ich erkannt, dass ich mein ganzes Leben lang beinahe wahllos von der einen Beziehung in die nächste geschlittert bin. Ich habe mir nie die Zeit genommen, wirklich herauszufinden, ob ich den Menschen, mit dem ich zusammen war, tatsächlich geliebt hatte. Ich habe mir nie wirklich Gedanken darüber gemacht, ob ich glücklich war oder ob es uns beiden durch die Beziehung wirklich besser ging. Heute weiß ich, dass ich das aus Angst nicht getan habe. Ich habe meine Vorstellungen aufgrund meiner Kindheitserlebnisse entwickelt, als mir Liebe vorenthalten wurde. Mein Ego hat mich mit Gedanken manipuliert wie: Du hast schon Glück, dass dich überhaupt jemand liebt. Du musst auch dann in dieser Beziehung bleiben, wenn du unglücklich bist, denn wenn du gehst, wirst du nie Erfolg haben. Du hast keine finanzielle Sicherheit mehr. Kein anderer wird dich mehr lieben oder haben wollen, und du kannst nie mehr so werden, wie du eigentlich möchtest. *Ich blieb so lange bei meinem jeweiligen Partner, bis mir schmerzlich klar wurde, dass ich unglücklich war, oder bis ich Angst hatte, mein Partner könnte unglücklich sein und mich bald verlassen. Und an diesem Punkt stürzte ich mich dann geradewegs in die nächste Beziehung, weil ich Angst vor dem Alleinsein hatte.*

Dieses Muster habe ich an dem Tag abgelegt, als ich erkannte, dass es in mir einen Anteil gab, den ich bisher noch gar nicht gesehen hatte. Diesen Aspekt von mir wollte ich kennenlernen. Ich wollte mich selbst ohne die Kontrolle durch das Ego kennenlernen. Ich beendete die Beziehung zu jemand anderem und begann die Beziehung zu mir selbst. Und dabei entdeckte ich, wozu ich fähig bin. Ich kann alleine leben und dabei Erfolg haben. Ich stellte fest, dass mein Ego unrecht hatte, wenn es sagte, mich würde keiner mehr lieben. Diesen Menschen gibt es sehr wohl und dieser Mensch bin ich. Ich liebe mich.

Jetzt bin ich selbst für mein Denken und mein Leben zuständig – und sonst niemand. Ich kann sein, wer und was ich will. Wenn ich mich für eine Beziehung entscheide, dann lasse ich mich als mein authentisches Selbst darauf ein, und zwar nur dann, wenn ich glaube, dass unser beider Leben dadurch schöner wird. Außerdem werde ich nicht mehr so tun, als sei das, was mich unglücklich oder unzufrieden macht, in Ordnung. Ich stelle mein inneres Licht nicht mehr unter den Scheffel oder übergehe mich. Ich tue nicht mehr so, als wäre es in Ordnung, wenn ich mich ausgegrenzt fühle. Meine Gedanken und Gefühle sind genauso wichtig wie die der anderen. Ich kann mir selbst und anderen offen und ehrlich eingestehen, wie ich mich fühle. Ich kann meine Bedürfnisse ehrlich äußern.

Ich bin zur Ehrlichkeit fähig. Wenn ich auf meine Kindheit zurückblicke, dann erkenne ich, wie mein Ego durch die Negativität und die Lügen, die ich ertragen musste, geformt wurde. Aber heute bin ich damit im Reinen. Ohne mein Ego bin ich ein aufrichtiger Mensch. Ich kann jetzt mir und anderen gegenüber die Wahrheit aussprechen, weil ich weiß, dass das mir selbst und dem Universum, in dem ich lebe, am besten dient.

Ich kann erkennen, wie das Ego früher diese Fähigkeit bei mir manipuliert hat. Bisher habe ich meist nicht ehrlich gesagt, wie es mir wirklich geht, was ich mag und was nicht und was ich will und was nicht. Was meine innersten Gefühle anbelangt, habe ich so oft und so lange gelogen, dass ich am Ende gar nicht mehr gemerkt habe, dass ich lüge und selbst glaubte, was ich mir da weismachte. Mein Ego übernahm die Kontrolle und sagte: Stimmt. So empfindest du wirklich.

Ich habe gelernt, ohne die Manipulation und die Kontrolle durch mein Ego zu leben. Jetzt lebe ich das, wofür ich hier bin, und nutze meine Gaben. Ich bin mein authentisches Selbst und lebe mit meiner eigenen Wahrheit – der Freiheit zu wissen, dass ich nicht mehr im alten Schmerz gefangen bin.

Ich habe erkannt, dass ein Großteil dieser Qual von der Negativität in meiner Kindheit herrührt. Durch einige frühe Erfahrungen glaubte ich, ich sei nur liebenswert, wenn ich perfekt bin. Daher habe ich mich sehr bemüht, nach außen hin ein perfektes Bild abzugeben. Aber es war nie genug, und ich war mir sicher, dass mit mir etwas nicht stimmte. Heute weiß ich, dass mit mir durchaus immer alles gestimmt hat – nicht in Ordnung war bloß, dass mein Ego mein Denken manipuliert hat. Ich habe einfach nur versucht, geliebt und akzeptiert zu werden und meinen Platz in der Gesellschaft zu finden.

Ich habe auch erkannt, dass ich mein ganzes Leben lang für andere einen bestimmten »Charakter« an den Tag gelegt habe, um sie glücklich zu machen. Es macht mir Freude, wenn andere lachen und mit sich und der Welt zufrieden sind. Das ist auch gut so, solange ich dabei authentisch bin, solange ich die freundliche, fürsorgliche, aufmerksame und freigebige Frau bin, als die ich mich kenne.

Doch ich kann mir auch ehrlich eingestehen, dass dieser Charakter manchmal nicht meinem authentischen Selbst entspricht – dann ist er eine Übertreibung. Manchmal verstecke ich mich hinter dieser Verkleidung, damit man mich akzeptiert, mag und liebt. Jetzt, wo ich mein Ego los bin, weiß ich, dass ich meine Eigenheiten nicht zu übertreiben brauche. Mein authentisches Selbst ist ja bereits so – fröhlich, fürsorglich, freundlich, freigebig und fit –, da braucht es gar keine egogesteuerte Fassade mehr.

Ich weiß jetzt, wer ich bin: Ich bin ich. Ich bin eine Rednerin und eine Lehrerin. Ich möchte in diesem Leben mein Wissen und meine Erfahrungen an andere weitergeben. Deshalb möchte ich die beste Lehrerin werden, die ich nur sein kann. Ich weiß wohl, was ich bisher erreicht habe, und ich weiß auch, was ich als Nächstes lernen will. Ich weiß, welche Schritte ich unternehmen muss, um mich weiterzuentwickeln. Ich lasse mein Ego und die Angst los. Ich weiß, dass ich in mir alles habe, was ich für ein erfülltes und glückliches Leben brauche. Ich bin fähig, mein »Ich« zu leben.

DER ZWEITE SCHLÜSSEL

AKZEPTANZ

Benutzen Sie den Schlüssel
der Akzeptanz, um negative
Urteile loszulassen

Ich beurteile mich nicht mehr nach den Vorstellungen anderer. Ich liebe und akzeptiere mich selbst und weiß, wer ich wirklich bin. Ich habe negative Selbsturteile losgelassen und jetzt kontrolliere ich mein Ego.

Jetzt, da Sie wissen, wer Sie ohne Ego sind, haben Sie vielleicht auch erkannt, dass Sie auf dem falschen Weg waren. Vielleicht sehen Sie jetzt, dass Sie bisher nicht als Ihr wahres, authentisches Selbst gelebt haben. Womöglich haben Sie sogar entdeckt, dass Sie viele Jahre lang in einem negativen Muster gefangen waren. Vielleicht sind Sie sich darüber klar geworden, dass Sie ein geringes Selbstwertgefühl hatten, Fehler gemacht oder sich Ihr ganzes Leben lang selbst sabotiert haben. Und womöglich mögen Sie den Menschen gar nicht, der Sie geworden sind.

Hören Sie: Sie sind in Ordnung! Die Tatsache, dass Sie dies jetzt lesen, sagt Ihnen, dass jetzt der richtige Zeitpunkt für Ihre Veränderung ist. Akzeptieren Sie das, denn sonst kann Ihr Ego Sie nur noch stärker manipulieren. Und wenn das passiert, dann stellen Sie womöglich in ein paar Jahren fest, dass Sie noch weiter vom Wege abgekommen sind als jetzt. Das will Ihr Ego erreichen und dazu benutzt es negative Selbsturteile. Ihr Ego gewinnt ungeheuer viel Macht, wenn Sie sich von innen heraus beurteilen. Ob Sie es glauben oder nicht, im schlimmsten Fall kann es Sie sogar dazu bringen, sich selbst zu misshandeln, zum Beispiel durch Alkohol, Drogen, Essen und andere Süchte. Es ist eine innere Schlacht: Sie gegen die negativen Einflüsterungen Ihres Egos. Diese schädliche Stimme bekämpft Sie, weil sie wissen will, wie stark Sie sind und wie stark Ihr Geist ist. Wenn Sie sich der Selbstmisshandlung ergeben, dann werden Sie sich am Ende sogar noch schärfer verurteilen.

Das Arsenal an schmerzhaften Gefühlen, die aus negativen Selbsturteilen entstehen (wie zum Beispiel Schuldgefühle, Reue, Traurigkeit und Selbsthass) kann Sie aus lauter Angst in alte Muster zurückfallen lassen. Diese Gefühle können dafür sorgen, dass Sie glauben, Sie müssten schnell wieder zurück zu Ihrem alten Leben und wieder der Mensch werden, der Sie waren, als Ihr Ego noch die Oberhand hatte. Das ist nicht weiter verwunderlich, denn das Ego will die absolute Kontrolle. Es wird alles daransetzen zu beweisen, dass es stärker ist als Sie, aber Sie wissen, dass das nicht stimmt. Sie arbeiten an sich und Sie entwickeln sich weiter. Sie haben Fortschritte gemacht, gehen Sie deshalb jetzt nicht rückwärts. Gehen Sie weiter, wachsen Sie weiter und akzeptieren Sie sich voll und ganz.

Das bedeutet auch zu akzeptieren, *wer Sie waren*. Sie haben früher nicht im Einklang mit Ihrer Lebensaufgabe gelebt, und das ist auch in Ordnung so. Denken Sie daran, dass Sie damals noch nicht die Mittel besaßen, die Sie heute besitzen, und auch noch nicht über die Erkenntnis verfügten, wie Sie manipuliert werden. Jetzt aber haben Sie beides. Akzeptieren Sie, *wer Sie heute sind*. Sie haben

Glück, Freude und inneren Frieden verdient. Sie sind der Liebe und des Mitgefühls würdig – von Ihnen selbst und von anderen. Schließen Sie auch Ihren Frieden mit dem Menschen, *der Sie werden können.* Jetzt können Sie anfangen, sich ein Leben nach Ihren Vorstellungen zu erschaffen. Fangen Sie an, Ihr »Ich« zu leben.

Das ermöglicht Ihnen der Schlüssel der Akzeptanz. Mit ihm können Sie anders über sich selbst und andere denken. Er befreit Sie von dem inneren Kampf, der bisher für Hindernisse gesorgt und Sie davon abgehalten hat, das Leben Ihrer Träume zu leben. Er erlaubt es Ihnen, alle negativen Urteile abzulegen und sich damit vollständig zu akzeptieren.

Ich bin ein Mensch, der Gutes verdient, und ich bin fähig, mich zu überprüfen, statt mich negativ zu beurteilen.

Sie können sich selbst bedingungslos und urteilfrei akzeptieren – und *Sie haben das auch verdient.* Daher ist der erste Schritt zur Erlangung des Schlüssels der Akzeptanz, dass Sie erkennen, wie Sie bisher geurteilt haben.

Sehen Sie sich das einmal einen Moment lang genau an. Wie beurteilen Sie sich selbst? Urteilen Sie auf der Grundlage Ihres eigenen Eindrucks von sich oder auf der Grundlage dessen, was andere über Sie gesagt und auf Sie projiziert haben? Wenn es Ihnen so geht wie den meisten Menschen, dann trifft wahrscheinlich Letzteres zu. Nehmen wir einmal an, Ihr Vater hat Sie als Kind beurteilt und gesagt: »Du bist nicht besonders helle. Du bist ganz schön dick und wirst es immer bleiben.« Wenn Sie heute genau dasselbe über sich sagen, dann beurteilen Sie sich auf der Grundlage seiner Worte.

Bei der Selbstbeurteilung stellen wir uns vor, was andere von uns denken, und sehen uns dann selbst durch diesen Filter. Ein Beispiel macht das noch anschaulicher: Nehmen wir einmal an, Sie machen eine Kreuzfahrt und fühlen sich pudelwohl. Sie sitzen mit Ihrem Partner an einem Tisch im Schiffsrestaurant. Am Nachbartisch sitzt ein Paar, das immer wieder zu Ihnen herübersieht. Ihre Blicke vermitteln Ihnen das Gefühl, etwas stimme nicht mit Ihnen, weil Ihr Ego sich meldet. Sie schauen an sich herunter und denken: *Bin ich unpassend gekleidet?* Sie kontrollieren Frisur und Make-up, um zu prüfen, ob etwas verrutscht ist. Sie betrachten Ihren Partner und denken: *Passen wir etwa nicht zusammen? Stimmt mit uns als Paar etwas nicht, weswegen die ständig zu uns herüberschauen und über uns reden?*

Möglicherweise schauen die beiden aber gar nicht Sie an, sondern einen Fernsehbildschirm über Ihrem Kopf. Doch Sie verstehen ihr Verhalten als Beurteilung, weil Sie die Freiheit vom Ego noch nicht erlebt haben. In einem solchen Augenblick müssen Sie die Schlüssel der Erkenntnis und der Akzeptanz anwenden. Benutzen Sie den Schlüssel der Erkenntnis, um zu entdecken, was Ihr Ego damit zu tun hat, wie Sie sich gerade fühlen, und benutzen Sie dann den Schlüssel der Akzeptanz, um die negativen Urteile loszulassen und Ihre innere Ruhe zurückzugewinnen.

Wenn Sie diese Schlüssel nicht benutzen, was passiert dann wohl während der restlichen Reise? Sie werden sich ständig danach umschauen, ob Sie jemand beobachtet. Sie betrachten sich überkritisch, um festzustellen, ob man Sie wegen irgendetwas negativ beurteilen könnte.

Benutzen Sie die Schlüssel, damit Sie nicht mehr in der Position des Egos verharren müssen. Schauen Sie stattdessen die Menschen an, von denen Sie glauben, dass sie Sie anstarren, und denken Sie: *Ich akzeptiere euch, wie ihr seid, und ich akzeptiere mich, wie ich bin.* Sobald Sie sich selbst akzeptieren, machen Sie dem Beurteilen ein Ende. Als zusätzliche Belohnung könnte es zum Beispiel sein, dass das andere Paar Sie plötzlich mit einem Nicken und einem Lächeln grüßt und dann den Blick wieder auf den Bildschirm über Ihnen richtet – und Sie erkennen, was tatsächlich vor sich geht! Ihre Vorstellung von der Situation entsprach gar nicht der Wirklichkeit. Das passiert – oft verderben wir uns selbst die schönsten Augenblicke im Leben, bloß weil das Ego die Kontrolle übernommen hat.

Sogar eine Hochzeit kann man sich durch solches Urteilen verderben. Bei der kirchlichen Trauung schreiten viele Bräute den Mittelgang entlang und denken die ganze Zeit an die Menschen, die sie anstarren. Sie konzentrieren sich nicht auf den Moment, den sie gerade erleben – immerhin einer der schönsten Tage im Leben eines Paares. Sie denken nicht daran, was sie im Herzen fühlen. Stattdessen machen sie sich Gedanken, ob ihr Kleid, ihre Frisur oder ihr Brautstrauß perfekt sitzen. Sie fragen sich, was andere denken. Sie sind nicht im Hier und Jetzt, weil sie sich selbst beurteilen – eine Selbstbeurteilung auf der Grundlage der Vorstellung, was die anderen wohl denken.

Ich habe die vollständige Kontrolle darüber, wie ich andere sehe. Ich entscheide mich dafür, mich von negativen Beurteilungen durch mich selbst und durch andere zu befreien.

Es ist wichtig, nicht nur zu erkennen, wie Sie über sich selbst, sondern auch, wie Sie über Ihre Mitmenschen urteilen. Denken Sie einmal einen Augenblick lang an den Begriff »Rechtsanwalt«. Was kommt Ihnen dazu als erstes in den Sinn? Manchen Menschen fallen sofort Begriffe ein wie »gerissen«, »Lügner« oder eine ganze Ansammlung weiterer, wenig schmeichelhafter Bezeichnungen. Viele urteilen bereits auf ein einziges Stichwort hin extrem hart und schnell. Unser Ego ist so sehr mit dem Unerfreulichen verbunden, das wir gesehen, gehört und erlebt haben, dass wir regelrecht darauf programmiert sind, uns zuerst auf das Negative zu stürzen. Das macht Akzeptanz so schwer – wir fällen ein voreiliges Urteil auf der Grundlage einer ablehnenden Einstellung. Hier zeigt sich die Kontrolle durch das Ego, und es ist ein großer Manipulator.

Wenn wir aufhören wollen, negativ zu urteilen, und stattdessen mehr Akzeptanz entwickeln möchten, dann müssen wir unsere Überzeugungen ändern. Denn in Wirklichkeit gibt es doch jede Menge Rechtsanwälte, die wunderbare Menschen sind. Sie verfügen über unglaubliche Fähigkeiten und verwenden Ihre Begabung darauf, uns zu helfen. Viele setzen sich in einem Rechtssystem, das kundigen und vernünftigen Rat erfordert, für die Unterprivilegierten ein. Stürzen Sie sich bloß wegen alter Programmierungen nicht gleich auf das Negative. Verlegen Sie sich auf das Erkennen und Akzeptieren.

Betrachten Sie in Zukunft alles auf eine neue Weise, indem Sie die Dinge *zuerst* aus einer positiven Einstellung heraus analysieren, statt sofort eine negative Perspektive einzunehmen. Wenn Sie sich zuerst für den bejahenden Gedanken entscheiden, kann Ihr Ego weder die Kontrolle übernehmen noch Sie manipulieren. Positive Vorstellungen erzeugen eine Geistesgegenwart, die das Ego überwindet, kontrolliert und besiegt.

Wenn Ihnen das am Anfang noch schwerfällt, dann behelfen Sie sich mit Leitsätzen. Versuchen Sie es zum Beispiel mit: *Rechtsanwälte sind ehrlich, aufrichtig und freundlich und es gibt sehr viel Gutes an ihnen.* Zugegeben, hin und wieder werden einzelne Anwälte Sie Lügen strafen. Dann können Sie anders über sie denken, denn jetzt wissen Sie ja *aus Erfahrung*, dass diese Anwälte nicht immer ganz so waren, wie Sie angenommen haben. Wenn sie Sie aber nicht Lügen strafen, dann haben sie ganz offensichtlich Ihre positive Beurteilung verdient.

Analysieren Sie auch sich selbst auf diese Weise. Bilden Sie sich auf der Grundlage Ihres großzügigen, freundlichen und liebevollen Wesens Ihre Meinung über sich. Glauben Sie daran, dass Sie selbstbestimmt, stark und intelligent sind. Akzeptieren Sie sich und machen Sie sich klar, dass Sie alles schaffen können, was Sie wollen, weil Sie dazu fähig sind, Tag für Tag die notwendigen Schritte zu unternehmen. Sie sind fähig, Ihre Aufgabe zu erfüllen. Und wenn Sie das tun, wenn Sie Ihrer Lebensaufgabe dienen, dann brauchen Sie sich auch nicht negativ zu beurteilen.

Wenn Sie heute Abend schlafen gehen, dann sagen Sie sich: *Ich analysiere mich künftig positiv. Ich verändere mein Denken und richte es nicht mehr danach aus, ob anderen meine Kleidung oder mein Äußeres gefällt oder nicht. Ich analysiere mich zuerst aus positiver Perspektive. Ich weiß, wer ich bin, und akzeptiere das. Ich mag mich. Ich beurteile mich aufgrund dessen, dass ich meine Arbeit liebe. Ich bin wertvoll und fähig.* Jetzt analysieren Sie sich auf der Grundlage Ihrer positiven Geistesgegenwart und nicht aus der negativen Haltung des Egos heraus. Jetzt hat sich Ihr Urteil verändert, es ist ein selbstbestimmtes geworden. Ihr Ego kontrolliert es nicht mehr.

Sie haben nun den Schlüssel der Akzeptanz erlangt. Benutzen ihn, um zu akzeptieren, wer Sie einst unter der

Kontrolle des Egos waren, wer Sie jetzt sind und wer Sie werden können. Benutzen Sie ihn auch, um andere zu akzeptieren.

Akzeptieren Sie, wer Sie waren, bevor Sie wussten, dass Ihr inneres Ego die Kontrolle hatte

Ich analysiere mich auf positive Weise. Ich akzeptiere, dass ich früher zwar Fehler gemacht habe, jetzt aber erkenne, dass dies Lektionen waren, die ich lernen musste und die meinem inneren Wachstum dienen. Ich bin zu Veränderungen fähig und lasse daher nicht zu, dass ich dieselben Fehler in Zukunft wiederhole. Ich akzeptiere, dass ich diese negativen Lektionen gelernt habe.

Wenn Sie akzeptieren, wer Sie waren, dann müssen Sie auch akzeptieren, dass Ihr Leben heute und der Mensch, der Sie in diesem Augenblick sind, Ihre ureigene Schöpfung sind. Sie sind das Ergebnis Ihrer früheren Entscheidungen. Wie wollen Sie Urteile loslassen, wenn Sie nicht mögen, was Sie aufgrund früherer Entscheidungen geschaffen haben? Vergegenwärtigen Sie sich, dass Sie in der Vergangenheit Fehler gemacht haben, dass Sie diese nicht zu wiederholen gedenken und sich in Zukunft nicht mehr damit zu beschäftigen brauchen. Denken Sie daran, dass Sie nicht mehr derselbe Mensch sind. Sie haben sich weiterentwickelt, und im Rahmen Ihrer Fortschritte haben Sie erkannt, wie Ihr Ego Sie kontrolliert und manipuliert hat. Sie wissen jetzt, dass Sie zu Veränderungen fähig sind.

Was wäre, wenn Sie eigentlich Pilot werden wollten, aber einem Verwandten geglaubt haben, der meinte, Sie seien dazu nicht intelligent genug, und Sie deshalb die notwendigen Schritte zu Ihrem Ziel gar nicht erst unternommen haben? Zuerst müssen Sie akzeptieren, dass Sie zugelassen haben, dass diese Situation eingetreten ist – Sie haben zugelassen, dass das Urteil eines anderen Sie daran gehindert hat, Ihr authentisches Selbst zu werden. Sie haben Ihren Schicksalsweg selbst verändert. Das ist auch ganz in Ordnung so, denn die Vergangenheit ist vorbei. Es ist immer noch Zeit, wieder auf die richtige Spur zu kommen. Akzeptieren Sie dann als Nächstes die Tatsache, dass Sie intelligent genug sind, um Pilot zu werden, und tun Sie etwas dafür.

Betrachten Sie Ihr Leben rückblickend und überlegen Sie, bei welchen Erfahrungen Sie nicht wirklich Sie selbst waren, wann Sie sich nach dem Urteil anderer gerichtet haben. Stellen Sie sich zum Beispiel einmal vor, dass jemand gesagt hat: »Du bist wirklich schmächtig. Du wirst es nie zu etwas Großem bringen, dazu bist du viel zu klein.« Sie sind in dem Glauben aufgewachsen, dass das stimmt, fühlten sich schwach, wertlos und unfähig. Was aber, wenn es Ihre Lebensaufgabe wäre, eine begnadete Physiotherapeutin zu werden und den Menschen zu helfen, körperliche Schmerzen loszuwerden? Wie können Sie Ihre Ängste und mentalen Hindernisse überwinden, damit Sie Ihre Lebensaufgabe erfüllen können? Sie müssen sich von dem Urteil befreien, das sich aufgrund der Vorstellungen anderer in Ihnen eingenistet hat – und zwar, indem Sie sich auf das Positive konzentrieren, auf Ihre Stärken.

Jetzt, da Sie Ihre Stärken kennen und wissen, was Sie wirklich tun wollen, könnten Sie sich innerlich vielleicht sagen: *Darin bin ich wirklich gut. Ich wünschte, ich könnte einfach damit loslegen, aber ich habe solche Angst. Ich habe solche Angst davor, was die Leute sagen – über meine körperliche Erscheinung, über meine Entscheidung und über meinen Verstand.* Tausende Menschen auf der ganzen Welt haben große Angst davor, ihr authentisches Selbst offen zu leben, weil sie nämlich *in sich* ihre wahre Identität noch nicht akzeptiert haben. Sie beurteilen sich selbst aufgrund ihrer Vorstellungen davon, wie andere über sie denken.

Ihr Geist verfügt über alle Instrumente und sämtliches Wissen, damit Sie glücklich sein und Ihre Lebensaufgabe erfüllen können. Sie haben alles, was Sie brauchen, um ein erfülltes, gelungenes Leben zu führen. Wenn Sie jedoch den Schlüssel der Akzeptanz nicht haben, dann lassen Sie zu, dass Ihr Ego Sie durch negative Beurteilungen manipuliert, und nutzen Ihre Begabungen nicht. Stattdessen verkriechen Sie sich ängstlich.

Nehmen wir zum Beispiel einmal an, Sie haben bei Ihrer Geburt ein Trauma erlebt und alle möglichen negativen Dinge mitbekommen. Ihre Eltern konnten Ihnen außerdem aus irgendeinem Grund nicht die Führung und Unterstützung bieten, die Sie gebraucht hätten, um stark zu sein. Jetzt richten Sie Ihr Leben auf der Grundlage Ihres Empfindens ein, dass Sie schwach sind und sowieso nicht erreichen können, was Sie sich wünschen.

Mit Ihrer neuen Erkenntnis jedoch können Sie jetzt sagen: *Mein Leben muss nicht so bleiben. Ich weiß, dass es sich ändern kann. Ich weiß, dass ich es selbst in die Hand nehmen kann, denn meine einschränkenden Überzeugungen sind die Vorstellungen und Lektionen, die ich von anderen übernommen habe. Ich hole mir meine Identität zurück.* Wenn Sie das tun, wer ist dann wohl am Ruder? Ihr Geist. Ihr inneres Selbst wird selbstbestimmter. Es wird stärker und kann die Kontrolle über das Ego übernehmen.

Akzeptieren Sie, wer Sie sind

Ich akzeptiere mich – Verstand, Körper und Geist. Ich bin perfekt mit dem physischen Selbst, das ich habe. Ich wachse und entwickle mich und werde zu dem Menschen, der ich sein soll. Ich akzeptiere, dass ich meiner Liebe würdig bin.

Sie müssen sich selbst akzeptieren, während Sie sich weiterentwickeln – als der Mensch, der Sie jeweils gerade sind. Wenn nicht, kontrolliert Ihr Ego Sie nur umso stärker und erschafft noch größere Negativität für Ihre Zukunft. Das Ego kann Männer ebenso zerstören wie Frauen, und es kann psychisch, spirituell, körperlich und emotional verheerend wirken. Es kann Sie so weit von dem Menschen wegführen, der Sie eigentlich sind, dass Sie sich am Ende selbst verlieren.

Ein hervorragendes Beispiel dafür sind Menschen, die sich drastisch verändern, nur um anderen zu gefallen oder es ihnen recht zu machen. Stellen Sie sich einmal vor, ein Mann bekommt zufällig mit, wie eine Frau zu ihrer Freundin sagt: »Ich würde gerne einen Mann kennenlernen, der ein wunderbares Lächeln hat, erfolgreich im Beruf ist und seine ganze Freizeit mit mir verbringt.« Der Mann möchte unbedingt eine Beziehung mit dieser Frau, also lässt er sich die Zähne mit strahlend weißen Veneers überziehen, wechselt den Beruf und geht nicht mehr mit seinen Freunden aus. Er versucht sich anzupassen und gibt sich dabei zum Teil selbst auf. Er lebt nicht mehr sein eigenes Leben. Irgendwann ist er dann so wenig mit sich im Einklang, dass er unglücklich und griesgrämig wird. An dem Punkt wird das Ego so stark, dass es die Kontrolle übernimmt.

Kommen Sie dem zuvor. Nehmen Sie sich die Zeit zu *erkennen*, wer Sie sind, Sie selbst zu *sein* und sich zu *akzeptieren*. Lange genug haben Sie – unter der Kontrolle des Egos – versucht, sich anzupassen und von anderen akzeptiert zu werden. Das brauchen Sie jetzt nicht mehr. Sie müssen sich selbst akzeptieren, denn bevor Sie das nicht tun, spielt es gar keine Rolle, wie gut andere über Sie denken. Sie werden sich weiterhin schlecht beurteilen und nie das Gefühl haben, gut genug zu sein. Doch Sie sind gut genug, und zwar genau so, wie Sie in diesem Augenblick sind.

Eine ehrliche Bestandsaufnahme Ihrer selbst, die Sie auf der Stelle vornehmen können, könnte etwa so aussehen: Fragen Sie sich, ob Sie sich so akzeptieren wie Sie heute sind. Überlegen Sie, ob es Aspekte an Ihnen gibt, mit denen Sie noch nicht zurechtkommen. Vielleicht sind Sie auf intellektueller Ebene nicht mit sich im Reinen, sind nicht zufrieden mit Ihrem Bildungsgrad oder Ihrer beruflichen Stellung. Vielleicht haben Sie Vorbehalte auf körperlicher Ebene, sind nicht zufrieden mit Ihrem Körper und denken, andere hielten Sie für dick. Es könnte sein, dass Sie Ihr Haar nicht mögen, Ihre Nase oder was auch immer. Wenn es an Ihnen etwas gibt, was Sie bis jetzt noch nicht akzeptiert haben, dann liegt das daran, dass Ihr Ego kontrolliert, wie Sie sich fühlen. Dieses negative Selbsturteil entsteht aus Angst, und in sehr vielen Fällen ist es schlicht oberflächlich.

Oft sind solche Urteile durch die Medien beeinflusst. Nehmen wir einmal an, eine Frau ist 1,62 Meter groß und wiegt 61 Kilo, empfindet sich aber als übergewichtig. Warum sollte sie sich so beurteilen? Aufgrund früherer Programmierungen. Vielleicht hat sie als Teenager einmal mit ihrem Freund einen Film angesehen, und die Schauspielerin in der Hauptrolle war genauso groß wie sie, wog aber nur 50 Kilo. Ihr Freund sagte: »Wow, sieht die toll aus!« Und plötzlich sieht die Frau dieses Bild als perfekt, sich selbst hingegen als unvollkommen an. Die Medien und die Werbung spielen eine große Rolle bei der Entwicklung unseres Egos.

Oft meinen wir, wir müssten unbedingt immer das Neueste haben – das neueste Auto, das aktuellste Handy und so weiter. Die Werbung hat uns raffiniert so programmiert, dass wir immer das haben wollen, was anscheinend alle anderen auch wollen. Nehmen wir zum Beispiel einmal an, Sie haben alles, was Sie wirklich brauchen: Kleidung, ein Auto, eine Wohnung und genug zu essen. Aber Sie sehen, dass Ihr Chef oder Ihr Nachbar etwas hat, das Sie nicht haben – ein teureres Auto, eine größere Wohnung, ein Ferienhäuschen und ein Boot. Ihr Ego könnte nun versuchen, Ihnen weiszumachen, dass Sie weniger wichtig sind als diese Menschen, weil Sie nicht haben, was sie haben.

Sie sind ebenso fähig, all das zu besitzen, was alle anderen auch haben, aber warum wollen Sie das? Können Sie ohne es nicht leben? Oder sagt Ihnen Ihr Ego, dass Sie es brauchen, damit man Sie akzeptiert? Im Laufe der Jahre wurden wir regelrecht trainiert, immer das zu wollen, was unsere Kollegen und Freunde auch haben. Wir meinen, wir müssten überall »mithalten« können.

Ich bin frei zu erreichen, was ich brauche und was ich möchte, weil ich nicht mehr zulasse, dass mein Ego die Kontrolle übernimmt.

Bis zu dem Moment, in dem wir uns Werbung ansehen und akzeptieren können, dass sehr vieles von dem, was sie sagt, nicht der Wahrheit entspricht, behält das Ego die Kontrolle. Es sagt Ihnen dann nicht nur, dass Sie sich auf eine bestimmte Art und Weise zu kleiden haben, sondern auch, dass die Gesellschaft das von Ihnen *erwartet*! Lesen Sie diese Woche in einer Zeitschrift, die neue Trendfarbe sei Rot, dann kleiden Sie sich in Rot komplett neu ein. Nächste Woche heißt es dann, Sie bräuchten Blau. Und Sie denken: *Oh nein, ich bin überhaupt nicht auf dem neuesten Stand. Ich bin inakzeptabel, weil ich keine blauen Kleider habe.* So stark werden wir vom Ego manipuliert und kontrolliert, und die meisten Menschen wissen nicht einmal, wie tief das tatsächlich reicht.

Betrachten Sie nur einmal das boomende Geschäft mit der kosmetischen Chirurgie. Die Leute unterziehen sich entsprechenden Behandlungen, um einer gesellschafts- oder kulturabhängigen Schönheitsdefinition zu entsprechen. Unsere Gesellschaft – und die Psychologie – sagt, dass ein schöner Mensch erfolgreicher ist als ein weniger gut aussehender. Daher könnten wir uns dazu verleiten lassen, unser Äußeres zu verändern, um in einer Welt erfolgreich zu sein, die alles nur nach dem äußeren Anschein beurteilt.

Ich bin ein authentisches, perfektes Wesen und ich akzeptiere mich unverändert so, wie ich bin.

Wohin Sie auch schauen, Sie werden zugeben müssen, dass etwas dran ist an dem, was wir sagen. Wir alle erleben das Tag für Tag – angefangen von den Tieren bis zu den Menschen. Je hübscher das Gefieder, desto stärker fühlen wir uns angezogen, genau wie bei den Vögeln. Wer ein schnittiges Auto und ein dickes Bankkonto hat, dem scheinen die Partner nur so zuzufliegen, wohingegen jemand, der weniger besitzt, nicht einmal wahrgenommen wird. Und so funktioniert scheinbar alles, was wir tun. Wenn wir bei der Arbeit oder in der Schule nicht herausstechen, dann glauben wir gleich, wir seien weniger wert als andere.

Mithilfe von psychologischen Studien aus der ganzen Welt haben Werbefachleute Methoden gefunden, wie sie uns dazu bringen können, dass wir immer wieder das Neueste, Beste und Größte haben wollen und sogar bereit sind, dafür unser Erscheinungsbild zu verändern. Müssen Sie wirklich jemand anderer werden, als Sie sind, damit man Sie akzeptiert? Nein, denn Sie sind fähig, sich selbst zu akzeptieren und sich mit dem, was Sie haben, so stark und effizient wie möglich zu machen.

Ich bin fähig, mich so zu akzeptieren, wie ich bin, mit dem, was ich habe und was ich werde.

Wollen wir etwa damit sagen, dass Sie sich niemals und unter keinen Umständen einer Behandlung der kosmetischen Chirurgie unterziehen sollten? Keineswegs. Wenn Sie beschlossen haben, Ihr körperliches Erscheinungsbild zu verändern, sei es durch kosmetische Chirurgie, Gewichtsabnahme, Muskelaufbau, eine Perücke oder ein Toupet oder wenn Sie Narben unter einem Bart oder langen Koteletten verstecken wollen, weil Sie sich dann besser fühlen, dann können Sie das sehr wohl tun. Nichts daran ist verkehrt. Viele Menschen haben sich zu körperlichen Veränderungen entschlossen und fühlen sich dadurch erheblich wohler in ihrer Haut. Das ist prima so. Doch *bevor* Sie etwas an sich verändern – sei es Ihr Äußeres, Ihren Beruf oder etwas anderes in Ihrem Leben – achten Sie darauf, es zu tun, weil es *für Sie* richtig ist.

Fragen Sie sich zuallererst: *Warum glaube ich, dass ich diese Veränderung vornehmen sollte?* Liegt es daran, dass jemand anderer – Freund oder Freundin, eine Autoritätsperson oder vielleicht sogar die Medien – Ihnen bedeutet hat, dass Sie das tun sollten? Wollen Sie wirklich etwas daran ändern, wer Sie sind oder wie Sie aussehen, um von jemandem akzeptiert zu werden, der von seinem Ego gesteuert wird? Stellen Sie sich einmal einen Menschen vor, der sagt: *Mir geht es gut so, danke. Ich verändere gar nichts. Ich finde es vollkommen in Ordnung, dass ich einen Partner möchte, der absolut umwerfend ist, den perfekten Körper hat, das perfekte Gesicht und den perfekten Beruf. So wünsche ich mir das.* Ein solcher Mensch wird von seinem Ego manipuliert. Warum sollten Sie sich verändern, nur damit jemand in dieser Lage Sie akzeptiert? *Sie* haben sich weiterentwickelt. Tappen Sie nicht in diese Falle.

Andererseits gilt auch: Wenn Sie darüber nachdenken, warum Sie glauben, eine Veränderung vornehmen zu sollen, dann fragen Sie sich, ob Sie es tun wollen, weil es sich *für Sie* richtig anfühlt. Ist es, weil Sie glauben, dass diese Veränderung zu den Antworten auf die Frage *Wer bin ich?* passt? Ist es, weil diese Veränderung Ihnen hilft, Ihr wahres Ich zu definieren, das sich bisher tief im Inneren versteckt hat? Das sind wesentlich triftigere Gründe.

Ändern Sie dann als Nächstes das Wort »sollte« zu »könnte« und sagen Sie sich: *Ich könnte diese Veränderung vornehmen. Warum habe ich es also noch nicht getan?* Liegt es daran, dass Sie Angst haben oder glauben, es nicht zu können? Wenn das alles ist, was Sie bisher davon abgehalten hat – und Sie festgestellt haben, dass die Veränderung für Sie wirklich richtig ist –, dann glauben Sie an sich und denken Sie daran, dass Sie fähig sind, die notwendigen Schritte zu unternehmen, um sich das Leben zu gestalten, das Sie sich wünschen. Wenn Sie aber erkennen, dass Sie es noch nicht gemacht haben, weil Sie es eigentlich gar nicht wollen, dann streichen Sie es auf jeden Fall von der Liste der Dinge, die Sie tun *sollten*. Ja, werfen Sie diese komplette Liste weg und erstellen Sie eine Liste der Dinge, die Sie tun *könnten*. Das ermöglicht Ihnen wesentlich mehr Selbstbestimmung und schenkt Ihnen innere Ruhe.

Viele Menschen versuchen ihr ganzes Leben lang, es anderen recht zu machen und äußere Ansprüche zu erfüllen. Sie gehen fürchterlich mit sich ins Gericht, dass sie nicht gut genug seien, weil sie sich die Meinung von jemand anderem zu eigen gemacht haben. Beschließen Sie noch heute, dass Sie so nicht leben wollen. Erklären Sie, dass Sie Entscheidungen treffen werden, weil sie *für Sie* richtig sind. Fangen Sie an, das Leben zu führen, das Sie sich wünschen.

Ich weiß, dass ich aus den unsichtbaren Grenzen lernen muss, die ich in meinem Leben aufgebaut habe.

Was aber ist, wenn Sie beschlossen haben, dass Sie etwas verändern wollen, dazu aber aufgrund Ihrer finanziellen Verhältnisse nicht in der Lage sind? Was ist, wenn Sie an eine Religion gebunden sind, die diese Veränderung nicht erlaubt? Was ist, wenn Sie aufgrund körperlicher Einschränkungen das äußere Erscheinungsbild, das Sie sich wünschen, gar nicht erreichen können, oder wenn Sie mit einer Entstellung zu kämpfen haben, aufgrund derer Sie sich als hässlich empfinden? Was dann? *Verändern Sie Ihre Vorstellung von Vollkommenheit.*

Sie sind bereits vollkommen, so, wie Sie sind. Sie wurden als vollkommenes Wesen geboren und wenn Sie Ihrer Lebensaufgabe dienen, dann bleiben Sie es auch. Ihre Vollkommenheit kommt daher, dass Sie tun, wozu Sie bestimmt sind, und dass Sie das gut machen. Unterwegs haben Sie einfach nur vergessen, dass es um die Vollkommenheit des *Geistes* geht – und nicht um die des *Abbilds*.

Weil sie so versessen auf Bilder ist, kann die Gesellschaft eine sehr negative Art der Kontrolle in unserem Verstand ausüben. Ja, es ist gut, wenn Sie körperlich fit sind und auf Ihr Äußeres achten, *aber* sorgen Sie dafür, dass das Bild, das Sie nach außen abgeben, auf Ehrlichkeit beruht. Wenn Sie nur, um akzeptiert zu werden und ihren Platz in der Gesellschaft zu finden, über das hinweg- und hinausgehen, was Sie aus sich selbst heraus tun wollen, dann erschaffen Sie eine Fassade. Kann die vollkommen sein? Nein. So etwas ist das genaue Gegenteil von Vollkommenheit, denn damit lassen Sie nicht zu, dass Sie Sie selbst sind.

Außerdem ändern oberflächliche Manipulationen nichts daran, wer Sie wirklich sind. Die Wahrheit ist doch, dass Sie auch durch noch so viele äußere Veränderungen Ihr wahres Selbst nicht verändern können. Natürlich können Sie ab- oder zunehmen, aber Sie können die Grundzüge Ihres innersten Wesens nicht verändern. Lieben Sie Ihren vollkommenen Geist, denn dann können Sie auch die »Hülle« lieben, in der er wohnt. Sie können Ihren runden Bauch, Ihre krummen Zehen oder die Narben in Ihrem Gesicht liebevoll annehmen. Sie können so weit kommen, dass sie glauben: *Ich bin vielleicht aus der Sicht der Medien nicht vollkommen, aber aus geistiger Sicht bin ich es auf jeden Fall, denn ich diene mir selbst in Liebe. Ich bin frei, mich selbst zu lieben. Ich bin frei zu akzeptieren, dass ich selbst geschaffen habe, was aus meinem Leben geworden ist. Und ich bin frei, meine Lebensaufgabe zu erfüllen.*

Mit Selbstliebe lebt es sich wesentlich leichter. Dann gibt es keine Kämpfe. Selbstliebe fließt, ist glücklich, kurzum: die reine Freude. Am Ende dieses Buches werden Sie all das erreicht haben. Selbstliebe ist Freiheit. Wenn Sie einmal an diesem Punkt angekommen sind, dann können Ihnen die Vorstellungen anderer nichts mehr anhaben. Es ist nicht mehr wichtig, was sie von Ihnen denken, weil Sie wissen, wer Sie sind und sich dafür lieben. Daher werden Sie auch nicht mehr vom Ego anderer manipuliert. Sie wissen aus tiefstem Inneren, was Sie glücklich macht, was Sie erfüllt und vom Ego befreit. Denken Sie Ihre eigenen Gedanken und kümmern Sie sich nicht darum, was irgendwer irgendwo denkt – Sie haben das Recht, Sie selbst zu sein.

Seien Sie das Ich, das sagt, dass Sie Ärztin sein möchten statt Krankenschwester oder Krankenschwester statt Ärztin. Warum sollten Sie sich nicht einfach so akzeptieren, wie Sie sind? Nur weil irgendjemand Ihnen gesagt hat, Sie sollten Ärztin oder Krankenschwester werden, heißt das doch noch lange nicht, dass Sie das auch werden müssen. Wenn es für Sie nicht richtig ist, dann hintergehen Sie sich selbst. Seien Sie der Mensch, der bei einer Größe von 1,50 Meter 75 Kilo wiegt. Solange Sie wissen, dass Sie gesund und zufrieden sind und sich mit diesem Gewicht voll und ganz lieben, ist es okay. Akzeptieren Sie den Geist in

Ihrem Innern, der genau weiß, was Sie glücklich macht, wann Sie mit sich selbst im Reinen und ohne inneren Widerstreit sind.

Akzeptieren Sie, dass Selbstsabotage zu Ihren Charakterzügen gehören könnte

Ich erlaube mir jetzt, Wahrheit und Glück mit ganzem Herzen anzunehmen. Ich bin jetzt fähig, meinen Lebensweg zu akzeptieren.

Es ist wichtig, an dieser Stelle den Begriff der Selbstsabotage einzuführen. Stellen Sie sich vor, Sie sind außer Form, Ihr Arzt hat Sie darauf hingewiesen, dass Ihr Übergewicht eine ernste Bedrohung für Ihre Gesundheit darstellt, und Sie sagen sich: *Aber ich liebe und akzeptiere mich, daher kann ich ruhig noch mehr zunehmen, denn mein Äußeres ändert nichts an dem Menschen, der ich wirklich bin.* Das ist Selbstsabotage. Wie können Sie Ihre Lebensaufgabe erfüllen und Ihr bestmögliches Leben führen, wenn Sie nicht gesund sind? In diesem Fall ist Ihr Ego wieder am Ruder und versucht Sie zu überzeugen, sich selbst zu misshandeln. Das Ego ist gerissen, und manchmal braucht man eine Extraportion Kraft, um es unter Kontrolle zu halten.

Sie können sich sagen: *Nein, das mache ich nicht. Es ist Sabotage, wenn ich zulasse, dass mein Ego meine Entscheidungen beeinflusst. Ich erlange wieder die Kontrolle über mein Leben. Ich bin fähig zur Veränderung.*

Menschen sabotieren sich aus Angst. Manchmal erscheint es uns leichter und ungefährlicher, einfach so zu bleiben, wie wir sind. Im Grunde sagen Sie sich vielleicht, dass es schwerer ist, diese Arbeit auf sich zu nehmen und sich lieben zu lernen. Seien Sie sich darüber im Klaren, dass Veränderung unheimlich sein kann. Wenn Sie nicht sicher sind, wie Ihre Familie, Ihre Freunde und Bekannten und Ihre Kollegen reagieren werden, dann kann Veränderung als ein Risiko erscheinen, das einfach nicht der Mühe wert ist. Vielleicht glauben Sie dann sogar, dass es zu schwer ist zu erkennen oder zu akzeptieren, womit Sie es zu tun haben. Ihr Ego wird versuchen, Sie davon zu überzeugen, dass alles noch viel schwieriger wird, wenn Sie sich selbst akzeptieren. Es wird steif und fest behaupten, dass Sie ganz genauso gut die negativen Urteile beibehalten und so bleiben können, wie Sie sind – in Sicherheit und in der Sackgasse. Fallen Sie auf seine Sabotage nicht herein. Überlisten Sie es, indem Sie sich zuerst auf der Grundlage Ihrer *positiven* Eigenschaften analysieren und dabei akzeptieren, wer Sie *waren*, wer Sie *sind* und wer Sie nun *werden* können.

Akzeptieren Sie, wer Sie werden können

Ich respektiere den Menschen, der ich werde, während ich ein besseres, stärkeres und klügeres Ich erschaffe. Ich höre auf mein inneres Selbst und ich lerne. Meine Fähigkeiten verschaffen mir Selbstbestimmung.

Haben Sie sich durch Ihre eigenen Urteile selbst blockiert? Haben Sie verhindert, dass Sie weitere Fortschritte machen, weil Sie nicht glauben, dass Sie wertvoll, fähig und klug sind und Gutes verdient haben? Wenn ja, dann akzeptieren Sie das. Erkennen Sie aber auch an, dass Sie sich etwas Besseres für sich wünschen – dass Sie etwas Besseres verdient haben und zur Veränderung fähig sind.

Wieder gilt: Achten Sie darauf, zu dem Menschen zu werden, der Sie sein möchten und nicht zu dem, der Sie meinen werden zu müssen, um von anderen akzeptiert zu werden. Vielleicht schauen Sie gerade jetzt an sich herunter und denken: *Es gefällt mir nicht, dass ich 140 Kilo wiege. Es gefällt mir nicht, dass ich kurze Haare habe. Mein Haar war immer lang und schön, und ich habe früher besser auf mich geachtet. Es gefällt mir nicht, dass ich eigentlich Rechtsanwältin werden wollte, aber dann die Schule abgebrochen und geheiratet habe und nun einen furchtbar langweiligen Job in einer Fabrik ausübe.*

Sie denken vielleicht so über sich, weil Sie in Ihrem Geist sehr wohl wissen, dass Sie vom Weg zu dem Menschen, der Sie eigentlich werden sollten, abgewichen sind. Ihr wahres Ich – Ihr Geist – weiß, wer und wozu Sie fähig sind. Er weiß, welche Lebensaufgabe Sie erfüllen sollen, und er wird Sie innerlich immer wieder stoßen, damit Sie wieder auf den rechten Weg finden. Überprüfen Sie daher innerlich ständig, ob Sie wirklich die Veränderungen vornehmen, die *Sie* brauchen, und zwar nicht, weil Sie sich dem Vollkommenheitsideal von jemand anderem anpassen wollen, sondern weil es *für Sie* richtig ist.

Wenn die Veränderungen *für Sie* richtig sind, dann akzeptieren Sie, dass Sie fähig sind, der Mensch zu werden, der Sie sein möchten. Es spielt keine Rolle, was andere über Sie denken. Es zählt einzig und allein, was Sie für richtig halten. Wenn also Ihre Vorgesetzte sagt: »Weiter als bis hierher kommen Sie nicht. Wir können Sie nicht befördern, weil Sie dazu nicht klug genug sind. Sie sind nicht der Typ, den wir für die höheren Ränge brauchen«, dann machen Sie sich klar, dass das nur ihre Vorstellung ist. Lassen Sie ihre Beurteilung los, damit Sie nicht dabei stecken bleiben. Es ist nicht wichtig, was andere sagen. Solange Sie akzeptieren, wer Sie sind und was Sie erreichen können, können Sie auch vorwärtskommen. Das wird Ihnen immer leichter fallen, je weiter Sie auf dem Weg zur Freiheit voranschreiten und nach und nach alle vier Schlüssel erwerben. Fangen Sie damit an, sich für fähig zu halten, und tun Sie dann den nächsten Schritt.

Akzeptieren Sie andere

Ich akzeptiere andere so, wie sie sind, und mich selbst so, wie ich werde.

Sie haben gelernt, sich so zu akzeptieren, wie Sie waren, wie Sie sind und wie Sie werden können. Jetzt ist es unerlässlich, dass Sie auch andere so akzeptieren, wie sie waren, wie sie sind und wie sie werden können. Es ist entscheidend, die Urteile loszulassen, die Sie über andere fällen, denn je mehr Sie über andere urteilen, desto mehr urteilen Sie am Ende auch über sich selbst.

Sehen Sie es einmal so: Wenn Sie glauben, dass Menschen, die sich scheiden lassen, unanständig sind, dass Teenager nur schwanger werden, weil sie schreckliche Eltern haben, oder dass nur Versager Insolvenz anmelden müssen, was ist dann mit Ihnen, wenn Sie geschieden werden, wenn Ihr Kind schwanger wird oder Sie in eine finanzielle Lage geraten, in der Sie Insolvenz anmelden müssen? Sind Sie deshalb unanständig, eine schreckliche Mutter oder ein schrecklicher Vater oder ein Versager? Nein, Sie sind dann nur ein Mensch, der ein paar Lektionen lernen muss. Haben Sie aber zuvor andere in dieser Hinsicht verurteilt, dann packt Ihr Ego Sie beim Kragen und überzeugt Sie, dass Sie nun schlecht über sich denken müssen.

Tatsache ist doch, dass wir alle Lektionen lernen müssen. Dabei sollten wir unbedingt immer daran denken, dass jeder Mensch ein Individuum ist. Es gibt nicht einen einzigen Menschen auf der Welt, der auf dieselbe Art und Weise lernen oder etwas verstehen kann wie Sie. Keiner kann genauso denken, fühlen, sehen, riechen oder schmecken wie Sie. Es ist nicht Ihre Aufgabe, andere dafür zu be- oder verurteilen, welche Lektionen sie wie zu lernen haben. Ihre Rolle ist es vielmehr, sie als das zu akzeptieren, was sie sind – bedingungslos und urteilsfrei. Wenn Sie auf diese Weise mit anderen ins Reine kommen, dann gewinnen Sie auch die Freiheit, *sich selbst* bedingungslos und urteilsfrei zu akzeptieren.

Wir wissen, dass das ganz schön schwierig sein kann. Wenn ein Urteil aufsteigt, dann können Sie es loslassen, indem Sie sich sagen: *Moment mal, das ist ein negativer Gedanke. Er ist ein abschätziges Urteil, das auf Angst gründet. Ich werde mich davon nicht leiten lassen.* Senden Sie dann dem Menschen, den Sie gerade beurteilt haben, Akzeptanz und erkennen Sie im Stillen an, dass dies eine Lebenslektion ist, die er oder sie gebraucht hat. Denken Sie daran: Wir müssen alle bestimmte Dinge lernen und tun das auf unterschiedliche Weise.

Nehmen Sie einmal an, Sie befinden sich in Gesellschaft zweier Leute. Die eine ist Alkoholikerin, der andere krankhaft übergewichtig. Sie merken, dass sie negativ über die beiden denken. Herzlichen Glückwunsch! Sie haben soeben den Schlüssel der Erkenntnis angewandt. Sie haben erkannt, dass Ihr Ego auf den Plan getreten ist. Das ist der erste Schritt zum Loslassen der negativen Urteile. Der nächste Schritt besteht nun darin, den Schlüssel der Akzeptanz anzuwenden: Akzeptieren Sie die beiden Menschen, indem Sie erkennen, dass ihre momentane Lebenslage die Folge ihrer Entscheidungen und vielleicht sogar ihrer Krankheiten ist.

Beurteilen Sie sie deshalb nicht negativ. Verlagern Sie sich stattdessen auf das Positive. Erkennen Sie für sich an, dass die beiden ihre Entscheidungen getroffen haben, um etwas zu lernen. Ihre Entscheidungen – und ihre Lektionen – sind deren Sache, nicht Ihre. Verurteilen Sie sie nicht dafür, Entscheidungen getroffen zu haben, die anders sind als Ihre. Schelten Sie sie nicht dafür, dass ihnen nicht dieselben Werkzeuge zur Verfügung stehen wie Ihnen – sie besitzen dafür andere. Akzeptieren Sie, dass Sie alle drei einzigartig sind und dass jeder Mensch auf dieser Welt seinen eigenen Weg gehen muss. Wenn Sie Urteile über andere loslassen, dann lassen Sie auch Ihre Selbstverurteilungen los. Sie erleben dann eine neue Stufe der Selbstakzeptanz, wachsen und werden innerlich frei.

Nutzen Sie den Schlüssel der Akzeptanz tagtäglich. Stellen Sie sich zum Beispiel einmal vor, Sie sind im Auto unterwegs und der Mann vor Ihnen bremst im letzten Moment vor der roten Ampel. Ihr erster Eindruck ist dann vielleicht: *So ein Idiot! Wieso macht der das?* Sie beurteilen ihn negativ, weil er anders auf eine rote Ampel zufährt als Sie. In einem solchen Augenblick können Sie gleich anschließend am allerbesten Folgendes denken: *Es tut mir leid, dass ich dich so beurteilt habe, und ich sende dir Akzeptanz.*

Klären Sie negative Urteile über andere, egal auf welcher Ebene sie auftreten: emotional, körperlich, spirituell, psychisch, finanziell, intellektuell und so weiter. Sogar Mitleid ist eine Form des Egos. Wenn Sie jemanden ansehen und denken: *Ach, du Armer*, dann fällen Sie damit zugleich das Urteil, dass Sie in der einen oder anderen Hinsicht besser sind als derjenige. Sie beurteilen andere auf der Grundlage dessen, wie Sie sich selbst sehen und wahrnehmen. Vielleicht denken Sie: *Die anderen müssen ja traurig sein, weil ich mehr habe – weil ich größer, besser, stärker, klüger, reicher oder attraktiver bin.* Wenn Sie Negativität über anderen ausschütten, besteht immer das Risiko, dass Sie sich wiederum selbst negativ beurteilen und sich der mächtige Kreislauf des Egos auf diese Weise fortsetzt.

Akzeptieren Sie jeden Menschen mit seinem Denken und seinen Fähigkeiten. Sie müssen das tun, um sich selbst zu befreien. Denken Sie daran: Wenn Sie andere beurteilen, egal auf welcher Ebene, dann beurteilen Sie in Wirklichkeit sich selbst. Wir sind alle gleich – nicht besser und nicht schlechter. Lassen Sie das Urteil los und vergeben Sie sich selbst.

Selbstreflexion:
Wen beurteile ich und warum?

Heute akzeptiere ich mich so, wie ich bin. Ich bin im Reinen mit meinem wahren Denken, meinen wahren Gefühlen und meinem wahren inneren Selbst. Ich nehme die Notwendigkeit an, dass ich aus der Vergangenheit lernen muss, und ich nehme auch meine neue Selbsterkenntnis an. Ich akzeptiere meine Begabungen für alles, was ich habe, und alles, was ich bin.

Jetzt besitzen Sie den Schlüssel der Akzeptanz. Es ist Zeit, über das Gelernte nachzudenken und sich selbst einen Brief der Akzeptanz zu schreiben. Das wird Ihnen helfen, mit sich selbst und anderen völlig und bedingungslos ins Reine zu kommen. Doch um das zu erreichen, müssen Sie zunächst feststellen, *wen Sie beurteilt haben und warum.*

Beurteilen Sie sich selbst – Ihr Äußeres, Ihre Intelligenz, Ihren Erfolg oder wie gut Sie sind? Schreiben Sie alle Punkte auf, die Ihnen einfallen und in denen Sie sich negativ beurteilt haben. Fragen Sie sich dann, warum. Sehen Sie Ihr Äußeres kritisch, weil Ihnen jemand einmal gesagt hat, Sie seien zu dick, zu dünn, zu klein, zu groß oder unattraktiv? Halten Sie sich nicht für intelligent, weil Sie eigentlich immer studieren wollten, aber nach der Mittleren Reife von der Schule abgingen, weil Sie dachten, Sie seien nicht schlau genug fürs Abitur? Warum? Hat Ihnen irgendjemand irgendwo einmal gesagt, Sie seien nicht erfolgreich, weil Ihnen ein bestimmter Abschluss fehlte, oder hatten Sie eine Zwei, aber Ihre Eltern meinten, es müsse eine Eins sein? Beurteilen Sie Ihren Erfolg danach, dass Sie etwas erreicht haben und nun glauben, Sie seien besser als andere, oder danach, dass Sie versagt haben und nun das Gefühl haben, Sie seien weniger wert als andere? Schreiben Sie alles auf, was Sie über sich selbst entdecken.

Halten Sie sich dabei aber immer vor Augen, dass diese Verurteilungen von dem herrühren, was Sie früher gesehen, gehört oder erlebt haben. Mit anderen Worten: Sie basieren auf vom Ego gesteuerten Vorstellungen. Wenn Sie sich nur auf der Grundlage Ihres Egos beurteilen, dann lassen Sie nie zu, dass Sie Ihren wahren Geist sehen. Fangen Sie an, sich aus einer positiven Perspektive zu betrachten. Analysieren Sie sich aufgrund Ihrer Freundlichkeit, Ihrer Großzügigkeit, Ihrer Aufrichtigkeit und aufgrund des positiven Einflusses, den Sie auf andere ausüben, wenn Sie Ihrer wahren Lebensaufgabe dienen. Wichtig ist, Ihr Urteil darauf fußen zu lassen, was Sie erreichen und wer Sie werden können. Sobald Sie wissen, dass Sie fähig sind und sich nicht mehr negativ beurteilen, können Ihnen verletzende Bemerkungen anderer nichts mehr anhaben, denn jetzt wissen Sie ja, wer Sie wirklich sind. Machen Sie sich klar, dass Sie im selben Maße wie jeder andere auch fähig sind, die notwendigen Schritte zu unternehmen, um sich das

Leben zu erschaffen, das Sie sich wünschen, und um der Mensch zu werden, der Sie sein wollen.

Beurteilen Sie andere? Wen? Verziehen Sie das Gesicht, wenn Sie auf der Straße einen Dicken sehen, weil er 50 Kilo Übergewicht mit sich herumschleppt, Sie hingegen Idealgewicht haben? Nun, es könnte doch sein, dass er eine gesundheitliche Störung hat oder sich vielleicht einfach so angenommen hat, wie er ist. Vielleicht hat jener Mensch aber auch nicht gelernt, wie man sich und andere akzeptiert, und weiß nicht, wer er wirklich ist oder sein will. Wie dem auch sei, wer sind Sie, dass Sie darüber urteilen könnten, wie ein anderer Mensch sein sollte? Sie sind kein bisschen besser und kein bisschen schlechter, sondern Sie sind allen anderen Menschen gleichwertig.

Warum urteilen Sie überhaupt über jemanden? Liegt es daran, dass Sie in Wirklichkeit sehr selbstkritisch sind? Vielleicht tragen Sie ja ein ganz ähnliches Problem mit sich herum, auch wenn Sie Idealgewicht haben. Vielleicht kämpfen Sie insgeheim mit einer Essstörung und projizieren das, was Sie für sich selbst empfinden, auf jenen Menschen. Verurteilen Sie die Frau, die Ihrer Meinung nach zu viel getrunken hat, weil Alkoholismus für Sie selbst auch ein Thema ist? Verurteilen Sie einen homosexuellen Menschen, weil Sie selbst bisexuelle Neigungen haben? Verachten Sie Rechtsanwälte als unehrlich, weil es Ihnen selbst schwerfällt, die Wahrheit zu sagen? Hören Sie auf, negativ über andere zu urteilen, und achten Sie vielmehr darauf, wer sie selbst wirklich sein könnten. Vielleicht sind diese

Menschen auch sehr freundlich, ehrlich und freigebig und haben ihr ganzes Leben lang vielen geholfen. Je positiver Sie Ihre Mitmenschen analysieren, desto besser werden Sie auch über sich selbst denken.

Benennen Sie in Ihrem Brief, wen Sie beurteilen und warum und formulieren Sie dann Sätze der Selbstakzeptanz. Akzeptieren Sie, wer Sie waren, bevor Sie wussten, dass Ihr Ego alles kontrolliert hat. Akzeptieren Sie, wer Sie heute sind. Akzeptieren Sie andere so, wie sie sind, und sich selbst so, wie Sie werden können.

Beginnen Sie Ihren Brief mit einer Absichtserklärung, zum Beispiel:

> *Mit diesem Brief verbinde ich die Absicht, mein wahres Selbst ohne die Kontrolle durch das Ego besser zu akzeptieren.*

Muster für einen Brief der Akzeptanz

> *Liebes Selbst,*
> *mit diesem Brief verbinde ich die Absicht, mein wahres Selbst ohne die Kontrolle durch das Ego besser zu akzeptieren. Dies vor Augen, frage ich mich: Wen habe ich beurteilt und warum?*

Ich weiß, dass ich beurteilt wurde und beurteilt habe. Ich habe sämtliche Familienangehörigen dafür verurteilt, dass sie mich und meine Wahrheit nicht akzeptiert haben. Ich empfand sie als gleichgültig, kalt und ignorant. Lange Zeit hatten sie sich in meinen Augen eines schrecklichen Verbrechens schuldig gemacht.

Ich weiß, dass ich auch von ihnen beurteilt wurde, und jahrelang hatten wir wenig bis gar keinen Kontakt. Eines Tages aber bin ich aufgewacht und habe erkannt, dass ich nun akzeptiere, wer ich bin und wer ich geworden war. Nach dieser Erkenntnis spielte es keine Rolle mehr, was sie von mir hielten.

Dann wurde mir klar, dass ich sie vielleicht auf eine Weise beurteilt habe, die verhindert hat, dass sie mich überhaupt kennenlernen konnten. Ich hörte auf, sie so zu beurteilen, hielt inne und hörte ihnen zu. Ich erfuhr, wer sie waren und nahm sie – so wie sie waren – wieder in mein Leben auf. Heute habe ich alle alten Urteile über sie losgelassen. Heute empfinde ich sie und auch mich selbst nicht mehr so wie früher, denn heute weiß ich, dass sie jetzt nicht mehr dieselben sind wie früher – und ich auch nicht. Sobald ich mein Urteil über sie erst einmal fallen gelassen hatte, entdeckte ich, dass ich sie mag und dass sie mich auch mögen.

Auch Männer habe ich sehr negativ beurteilt. Seit ich fünf Jahre alt bin, hat mich fast jeder Mann, mit dem ich zu tun hatte, so tief verletzt, dass ich den Eindruck hatte, es gebe keinen einzigen guten Mann auf dieser Welt, und alle Männer seien gemeine Wesen, die einem immer nur wehtäten. Dieses Gefühl hielt an, bis ich etwa Mitte 20 war, und zuweilen habe ich mich mit meiner Männerwahl selbst misshandelt, bis ich erkannte, dass nicht alle Männer gleich sind. Manche Männer sind wunderbare, freundliche, achtsame Menschen. Ich änderte meine Sichtweise, und von diesem Augenblick an hatte ich erfüllende, gesunde Beziehungen zu Männern aller Rassen, Altersstufen und Konfessionen. Seit ich meine negative selbstbegrenzende Haltung gegenüber Männern losgelassen habe, habe ich einen wunderbaren Partner gefunden. Er liebt und achtet mich und behandelt mich so, wie ich auch ihn behandle – mit Akzeptanz.

Auch Frauen habe ich schlecht beurteilt. Ich hatte so wenig Selbstachtung, dass ich jede schöne, schlanke oder intelligente Frau verachtete. Frauen, die größer waren als ich, konnte ich nicht ausstehen, denn früher war ich der Meinung, große Frauen hätten es im Leben besser. Ich beurteilte sie danach, wie mein Ego ausgebildet worden war. Ich habe es geglaubt, als man mir sagte, ich würde es nie zu etwas Nennenswertem bringen, weil ich einfach zu klein sei, um Großes zu erreichen. Daher hasste ich größere Mädchen und Frauen. Heute betrachte ich sie und mich als ebenbürtig. An Zentimetern bin ich seither natürlich nicht gewachsen, *aber sie zu akzeptieren und sie nicht mehr als besser anzusehen als mich selbst, das bedeutete ein enormes inneres Wachstum.*

Als Kind sagte man mir, ich sei eine Kröte, und mein erster Freund bedachte mich mit ähnlichen Schimpfworten. Und ich habe das alles geglaubt. Ich hielt mich für einen sehr unattraktiven Menschen, denn ich schaute in den Spiegel und sah eine Kröte. Ich beurteilte mein Aussehen aufgrund dessen, was man mir als Heranwachsende gesagt hatte. Eines Tages besuchte ich ein Baseballspiel meines Sohnes, und eine völlig Fremde – eine sehr hübsche und freundliche Frau – sprach mich an. Sie machte mir Komplimente wegen meiner Haare, meiner Augen und meines gesamten Äußeren. Sie sagte, ich hätte eine sehr schöne, friedliche Ausstrahlung. Das war das erste Mal, dass ich so etwas Nettes über mein Aussehen hörte, und es bewegte mich sehr. An jenem Abend ging ich nach Hause und konnte sehen, was sie sah. Von diesem Augenblick an beurteilte ich mein Aussehen nicht mehr nach meinem Ego. Ich beschloss, diesen negativen, selbstbeschränkenden inneren Dialog besser zu kontrollieren, und heute weiß ich, dass ich eine schöne Frau bin.

Ich habe akzeptiert, dass ich geurteilt habe und beurteilt wurde. Jetzt akzeptiere ich, dass solches Verhalten verhindert, dass ich die Wahrheit erkennen kann. Jetzt frage ich mich: Wen beurteile ich? Wenn ich mich dabei erwische, dass ich andere nicht akzeptiere, dann halte ich inne und frage mich: Warum? Kommt das Alte wieder hoch oder gibt es gerade etwas, worauf ich achten oder woraus ich etwas lernen sollte? Jetzt verurteile ich nicht mehr, sondern ich analysiere, ohne mich dabei vom Ego steuern zu lassen.

Mit diesem Brief verbinde ich die Absicht, mein wahres Selbst ohne die Kontrolle durch das Ego besser zu akzeptieren. Mit dieser Absicht vor Augen und in voller Kenntnis dessen, wen ich beurteilt habe und warum, frage ich mich noch einmal: Wer bin ich ohne die Kontrolle durch das Ego? Wer will ich sein? Was möchte ich von diesem Leben?

Ich bin ein vollständiger Mensch, ich liebe mich selbst mit allen meinen Begabungen, meinen Fehlern und meiner Vergangenheit. Ich sehe mich mit meinen wahren Augen. Ich erkenne, dass ich nicht ohne Fehler bin, und ich akzeptiere mich voll und ganz so, wie ich wirklich bin. Ich kann in den Spiegel schauen und sehen, wer ich geworden bin, und ich bin stolz auf mich.

Ich akzeptiere auch, wer ich werden kann, und weiß, dass ich mir den Weg, der vor mir liegt, selbst gestalten muss. Ich akzeptiere, dass ich fähig bin, alles herbeizuführen, was ich möchte. Ich kann Veränderungen ertragen und ohne Angst in diese Richtung weitergehen. Ich bin mir im Klaren darüber, dass die Reise, die vor mir liegt, nicht immer einfach sein wird, und ich weiß, dass ich fähig bin, meinen Lebensweg zu ändern und Besseres für mich zu erreichen.

Ich akzeptiere, dass die Vorstellungen, die andere von mir haben, nicht mehr steuern können, wie mein Ego mein Denken manipuliert. Ich bin ein starker Mensch – fähig zu Liebe, Aufrichtigkeit und einem friedlichen Leben ohne die Kontrolle durch das Ego. Ich bestätige, dass ich die beste Lehrerin sein möchte, die ich nur sein kann. Ich weiß, dass die Vergangenheit vorbei ist, und ich kann alles annehmen, was bisher war. Es kann mich nicht mehr negativ beeinflussen, es sei denn, ich würde es zulassen. Ich akzeptiere, dass ich den Rest meines Lebens meiner wahren Lebensaufgabe dienen und mein authentisches Selbst leben werde, frei von den Urteilen anderer.

Ich akzeptiere jetzt andere, weil ich weiß, dass Urteile eine Selbstreflexion mit negativen Folgen sind. Ich habe die Freiheit, mich selbst zu lieben, und ich bin frei von negativem, selbstbeschränkendem Denken. Ich akzeptiere, dass ich besser bin, als ich mir bisher zu glauben erlaubt habe.

Aus allem, was war, habe ich gelernt, und aus allem, was kommt, werde ich lernen. Ich erkenne, dass es noch mehr geben wird, was ich lernen und erleben soll. Ich akzeptiere mein wahres Selbst, meine Wahrheit und dass ich um meinetwillen liebenswert bin und nicht nur um des Menschen willen, den ich aus mir mache.

DER DRITTE SCHLÜSSEL

VERGEBUNG

Benutzen Sie den Schlüssel
der Vergebung, um sich von der
Vergangenheit zu befreien

Ich kann nicht zurück und die Vergangenheit ändern. Ich akzeptiere, dass meine damaligen Erlebnisse Lektionen waren, aus denen ich gelernt habe.

Wenn Sie auf einem gemeinsam genutzten Computer Ihre Privatsphäre wahren möchten, dann können Sie den Verlauf, also das Verzeichnis der Internetseiten, die Sie besucht haben, schnell und einfach mit ein paar Mausklicks löschen – im Grunde können Sie damit die Vergangenheit ausradieren. Wie wäre es, wenn Sie dasselbe auch mit Ihrer Vergangenheit tun könnten – mit einem Mausklick »den Verlauf Ihres Lebens löschen«? Wäre es nicht wunderbar, wenn Sie wie von Zauberhand jeden beliebigen Abschnitt Ihrer Vergangenheit löschen könnten, der zu Schuldgefühlen, Trauer, Reue oder Schmerz geführt hat? Genauer betrachtet wäre das ganz und gar nicht wunderbar. Es ist gut, dass wir das nicht können, denn sonst würden uns einige der wertvollsten Lektionen verloren gehen, die wir je gelernt haben.

Ihre Lebenserfahrungen – von den unglaublich freudvollen bis zu den unvorstellbar schmerzhaften – dienen Ihnen enorm. Sie können Ihnen helfen, das beste *Ich* zu erschaffen, das Sie nur sein können, und das beste *Leben* zu gestalten, das Sie nur führen können. Sie brauchen die Erfahrungen nicht auszulöschen, Sie müssen nur negative Gefühle klären, positive Lektionen speichern und das gewünschte Ergebnis herbeiführen. Wie? Benutzen Sie den Schlüssel der Vergebung.

Was ist Vergebung? Vergebung bedeutet zu erkennen, dass Sie nicht zurückgehen und die Vergangenheit ändern können. Vergebung bedeutet zu akzeptieren, dass Ihre Erfahrungen – so traumatisch, schmerzlich oder unglücklich sie auch waren – schlicht Lektionen waren, aus denen Sie lernen sollten. Auf allen Ebenen – ob positiv oder negativ, emotional, körperlich, psychisch oder spirituell – sollten diese Lektionen Sie lehren, in diesem Augenblick Sie selbst zu sein. Sie müssen verstehen, dass Sie aufgrund dessen, was Sie gelernt haben, heute der Mensch sind, der Sie sind. Sobald Sie diese Lektionen akzeptieren – *und auch wirklich aus ihnen lernen* –, kann Ihnen das Negative aus Ihrer Vergangenheit nichts mehr anhaben. Sie schleppen dann nicht mehr Zweifel, Angst und Schuldgefühle mit sich herum, sondern Sie sind frei.

Vergebung ist eines der größten Geschenke, die Sie sich selbst machen können. Bis Sie Vergebung wirklich verinnerlicht haben, stecken Sie fest. Sie stagnieren bei jeder neuen Chance. Mit Vergebung jedoch hören Sie auf damit, sich selbst zurückzuhalten und sich eine Niederlage nach der anderen zu bereiten. Sie sind frei, vorwärtszugehen und die Tür zum Negativen aus der Vergangenheit hinter sich zu schließen. Sie nehmen nur noch mit, was Ihrer Zukunft dient, was Ihnen hilft, Ihre Lebensaufgabe zu erfüllen. Sie sind dann frei, sich zur nächsthöheren Stufe des Selbst weiterzuentwickeln. Sie werden fähig, sich wahrhaft selbst zu lieben. Dazu müssen Sie sich erst einmal darüber klar werden, wem Sie vergeben müssen – nämlich jedem! Das schließt jeden Menschen ein, über den Sie negativ gedacht haben, weil er etwas Bestimmtes getan oder gesagt hat. Das gilt auch für Ihre Nachbarn, Ihre Eltern, die Kinder, die Sie in der Schule immer geärgert haben, den Vorgesetzten, der Sie entlassen hat, den Partner, der Sie verletzt hat, und die Freundin, die Sie angelogen hat.

Sie müssen auch sich selbst vergeben. Es ist in Ordnung, dass Sie dieses oder jenes geglaubt und sich in negativen Mustern verfangen haben (und zum Beispiel einen Partner wählten, der Sie misshandelt hat, Alkoholiker, Workaholic oder einfach nicht liebevoll und nie da war). Sie müssen Ihrem Ego vergeben und auch Ihrem Geist, dass er nicht eher die Kontrolle übernommen hat. Tun Sie das in allen Bereichen Ihres Lebens.

Dieser Schlüssel verleiht Ihnen die Fähigkeit, *sich selbst* für alles zu vergeben, was Sie Ihrer Meinung nach falsch gemacht haben, und auch *anderen* zu vergeben, die zu den Ängsten und Traumata Ihrer Vergangenheit beigetragen haben. Er hilft Ihnen, sich zu befreien und Negativität loszulassen. Er befähigt Sie, ohne Schmerz, Schuldgefühle, Trauer, Reue, Groll, Wut, Zweifel, Schuldzuweisungen oder Gewissensbisse auf jede Lebenslage zurückzublicken. Es ist Zeit, diesen dritten Schlüssel auf Ihr Leben anzuwenden. Fangen Sie mit der Selbstvergebung an.

Ich bin frei, mir selbst und anderen zu vergeben.

Vergeben Sie sich Ihre Fehler
aus der Vergangenheit

Ich akzeptiere, dass ich in der Vergangenheit Fehler gemacht habe. Ich lasse sie los und treffe heute neue Entscheidungen, durch die ich eine bessere Zukunft gestalten kann. Ich beurteile mich nicht mehr negativ. Ich schenke mir Liebe, Vergebung und Verständnis.

In seinem Buch *Nur einen Tag noch* schreibt Mitch Albom: »Ich habe mal einen Bergsteiger kennengelernt, und ich fragte ihn, ob der Aufstieg oder der Abstieg schwieriger sei. Er antwortete, zweifellos der Abstieg, denn beim Aufstieg sei man so konzentriert darauf, nach oben zu kommen, dass man keine Fehler mache.

›Der Abstieg ist ein Kampf gegen die Natur des Menschen‹, sagte er. ›Man muss dabei so sehr auf sich achtgeben wie beim Aufstieg.‹«[1] Diesen Rat sollten Sie sich merken.

Es ist leicht, sich beim Aufstieg zu schätzen, zu akzeptieren und auf sich aufzupassen, wenn man drauf und dran ist, seine Träume zu verwirklichen, alles glattläuft und man das Richtige tut. Doch beim Abstieg, wenn man einen Feh-

---

1 Mitch Albom, *Nur einen Tag noch*, Goldmann, 2006.

ler gemacht hat, vom Weg abgekommen ist oder feststellen muss, dass man seine Entscheidung bereut, dann sind Selbstwertgefühl, Selbstbestätigung und Selbstliebe das Erste, was wir von uns werfen. In solchen Zeiten glauben Sie vielleicht, dass Sie es nicht verdient haben, diese Werkzeuge auf Ihrer Reise mitzuführen, dass Sie nichts wert sind, nichts Gutes verdienen und nicht liebenswert sind. Aber das ist nur ein Trick des Egos.

Die Wahrheit ist, dass Sie wertvoll und liebenswert und mit dem Recht, Gutes zu erleben, auf diese Welt gekommen sind und dass Sie heute – ganz egal, was in der Zwischenzeit passiert ist – immer noch genauso wertvoll und liebenswert sind und das Recht haben, Gutes zu erleben wie am Tage Ihrer Geburt. Sie sind immer noch dasselbe Wesen. Der einzige Unterschied ist: Sie haben in der Zwischenzeit etwas gelernt. Ja, manchmal waren Ihre Lektionen negativ, beängstigend, besorgniserregend, Sie haben und wurden verurteilt. Sie haben Fehler gemacht.

Andererseits waren das vielleicht gar keine Fehler. Vielleicht mussten Sie so handeln, um zu lernen, was Sie gelernt haben. So oder so, die Vergangenheit ist vorbei und abgeschlossen. Es ist an der Zeit, sich selbst zu vergeben. Für alles, was Sie glauben, falsch gemacht zu haben. Vielleicht haben Sie keine Liebe gegeben, wenn jemand Ihre Liebe brauchte, haben jemanden nicht unterstützt, haben in jemandes oder in Ihrem eigenen Leben negative Energie erzeugt, haben sich unehrenhaft verhalten – vergeben Sie sich und erlauben Sie sich weiterzukommen.

*Ich akzeptiere, dass jede Erfahrung für mich auch
die Chance birgt, wertvolle Lektionen zu lernen.*

Genau wie alle anderen Menschen sind auch Sie hier, um
Ihren eigenen, individuellen Weg zu gehen. Sie sind hier,
um zu lernen und Informationen aufzunehmen. Im Laufe
Ihrer Reise sind Ihnen vielleicht ein paar Irrtümer unter-
laufen und Sie haben Dinge getan, auf die Sie nicht stolz
sind – das geht jedem so. Erkennen Sie, dass es in Ordnung
ist, dass Sie so etwas erlebt haben. Manches war notwendig, damit Sie Ihre Lebensaufgabe erfüllen können. Wäre
es nicht eingetreten, hätten Sie nicht das Wissen erlangt,
mit dem Sie den bestmöglichen Menschen aus sich machen und die bestmögliche Zukunft für sich gestalten können.

Nehmen Sie alle Ihre Erfahrungen an und verhelfen Sie
sich damit zur Selbstbestimmung. Sie können Ihre Erfahrungen nicht verändern, aber Sie können etwas Wertvolles
darin entdecken. Wenn Ihnen das gelingt, dann können
Sie sich und anderen Vergebung schenken. Wenn Sie sich
dafür entscheiden, die Lektion in dem Moment, in dem sie
eintritt, vollständig zu lernen, dann ermöglichen Sie sich
weiterzukommen und verhindern, dass sich negative Ereignisse wiederholen. Fangen Sie damit an, indem Sie sich
fragen: *Was habe ich wirklich über mich gelernt, und mit
welcher Lektion komme ich weiter?*

Ich frage mich täglich: »Was habe ich gelernt?«

Nehmen Sie sich die Zeit, auch wirklich eine Antwort darauf zu finden. Vielleicht haben Sie etwas oder jemanden falsch beurteilt, aber Sie haben dabei gelernt, Grenzen zu setzen. Vielleicht haben Sie eine schlechte Entscheidung getroffen, aber daraus gelernt, was Sie tun und was Sie lassen sollten. Das sind wertvolle Lektionen. Vielleicht hat Ihnen die Erfahrung gezeigt, was Sie in Ihrem Leben weiterhin zulassen werden und was nicht. Vielleicht haben Sie beschlossen, andere künftig nicht mehr nach ihren Entscheidungen zu beurteilen. Dann haben Sie durch Ihre Erfahrung die Akzeptanz entdeckt. Das kann ein großer Segen sein.

Lassen Sie alle negativen Gefühle los, indem Sie sich sagen: *Okay, ich habe einen Fehler gemacht. Daraus habe ich gelernt, was es mit mir macht, wenn ich in dieser oder jener Weise reagiere oder dieses oder jenes zulasse.* Akzeptieren Sie die Situation als eine Erfahrung, die Sie gemacht haben, und vergeben Sie sich dann, weil Sie wissen, dass Sie daraus Weisheit gewonnen haben. Feiern Sie diese Errungenschaft, sie ist wichtig!

Sie müssen sich die Zeit nehmen, Ihre Lektionen vollständig zu lernen, sonst wiederholen Sie negative Muster permanent und legen sich immer wieder dieselben Steine in den Weg. Nehmen wir zum Beispiel einmal an, jemand hat Ihnen gesagt, sie seien ein negativer Mensch, der andere schnell verurteilt. Nach dieser verbalen Auseinandersetzung beschließen Sie für sich: *Diese Person mag ich nicht mehr, weil sie so etwas zu mir gesagt hat.* Wenn Sie hingegen zu dem Schluss kommen, dass Sie einsehen müssen, dass Sie zuweilen als negativ und rasch verurteilend empfunden werden können, dann haben Sie eine Lektion gelernt. Ziehen Sie sich aber beleidigt zurück und wollen Sie kein Wort mehr mit dieser Frau reden, dann sind Sie innerlich nicht gewachsen. Sie sind der Lektion ausgewichen, und die Erfahrung muss wiederholt werden, damit Sie Gelegenheit erhalten zu lernen, was Sie lernen sollten.

Sie werden dieselben Erfahrungen immer und immer wieder machen, bis Sie erkennen: *Moment mal. Ich bin ja schon wieder auf demselben Weg. Das habe ich doch schon einmal von anderen zu hören bekommen. Ich verstehe, was sie mir sagt. Sie sagt, dass sie negative Tendenzen und eine Neigung zu raschem Urteil in mir sieht. Das ist wirklich kein positiver Teil meiner Persönlichkeit und er dient weder mir noch anderen. Ich will daraus lernen und versuchen, mich zu ändern. Ich will nun etwas zurückhaltender werden in meinem Urteil, offener und verständnisvoller sein. Ich beschließe, dass ich diese Lektionen jetzt lernen und abschließen und dann die nächste Stufe erreichen will.* Wenn Sie die Lektion erst einmal gelernt haben, dann brauchen Sie sie auch nicht mehr zu wiederholen. Vergeben Sie sich, dass Sie sie nicht schon früher gelernt haben, und schauen Sie nach vorne.

Ich beurteile mich jetzt nach dem, was ist und nicht nach dem, was war.

Ein weiterer hilfreicher Schritt zur Selbstvergebung besteht darin, sich nach der Gegenwart zu beurteilen und nicht nach der Vergangenheit. Was tun Sie jetzt, in diesem Augenblick? Sie lesen dieses Buch. Sie leisten damit die notwendige Arbeit, um sich zur nächsten Stufe weiterzuentwickeln, um herauszufinden, wer Sie ohne das Ego sind, um sich zu akzeptieren und alle negativen Urteile loszulassen, um sich zu vergeben und sich von der Vergangenheit zu befreien. Beurteilen Sie sich danach, denn das hat erstaunliche Wirkung. Es ist lobenswert und ehrenhaft. Das heißt, auf der Grundlage dessen, was *ist*, sind Sie gut, lobenswert und ehrenhaft. Sie können zufrieden sein.

Es ist in Ordnung, wie sich die Vergangenheit abgespielt hat, aber sie *war* einmal. Konzentrieren Sie sich jetzt auf die Gegenwart und verändern Sie sich selbst und Ihr Leben aufgrund der Lektionen, die Sie daraus gelernt haben. Wenn wer Sie sind und wer Sie waren nicht zu dem passt, was Sie wollen, dann seien Sie mehr und erschaffen Sie mehr. Treffen Sie neue Entscheidungen, denken Sie neue Gedanken, handeln Sie neu und befreien Sie sich von den Grenzen, die ohnehin nur in Ihrer Vorstellung existieren. Ehe Sie sichs versehen, werden Sie selbst und Ihr Leben sich signifikant und grandios entfalten. Fangen Sie noch in diesem Augenblick an und fragen Sie sich: *Was will ich wirklich in meinem Leben? Wer bin ich wirklich? Wer möchte ich werden?* Sie sind fähig, für sich selbst neue Erfahrungen zu erschaffen.

Ich akzeptiere, dass ich zu Veränderungen fähig bin. Ich bin stark und ich habe einen Neuanfang verdient.

Ein weiterer Schritt zur Selbstvergebung ist es zu akzeptieren, dass Sie zur Veränderung fähig sind. Das sind Sie nämlich wirklich. Natürlich ist an dem Spruch etwas dran, dass die Katze das Mausen nicht lässt, aber die gute Nachricht ist doch: Sie sind weder eine Katze noch eine Maus. Sie sind ein Mensch und es ist Ihnen möglich, Ihr Leben umzugestalten. Wann immer Sie wollen, können Sie sich neu erschaffen – und das alles beginnt jetzt.

Die Kraft, Ihr bestes *Ich* und Ihr bestmögliches *Leben* für morgen zu erschaffen, liegt in diesem Augenblick. Sie *können* die Kraft in Ihrem Innern finden, den Schlüssel der Vergebung anzuwenden, die Vergangenheit loszulassen und mit einer neuen Perspektive und großer Wertschätzung für diesen Neubeginn in die Zukunft zu gehen. Sie haben die Chance, sich ein Leben nach *Ihrer* Wahl zu gestalten.

Das gilt ganz unabhängig von Ihrer momentanen Situation. Nehmen wir zum Beispiel einmal an, Sie haben erkannt, dass Sie Alkoholikerin, drogensüchtig, zwanghafte Spielerin oder ein zu Gewalttätigkeit neigender Mensch sind, aber Sie wollen das nun nicht mehr. Vergeben Sie sich, indem Sie akzeptieren, dass Sie zu Veränderungen fähig sind, und ergreifen Sie das Ruder. Nutzen Sie die Kraft Ihres Denkens und sagen Sie sich: *Ich bin stark. Ich habe einen Neuanfang verdient. Es ist in Ordnung, ich zu sein. Es ist gut, meine Erfahrungen zu haben. Ich akzeptiere, wie ich gelebt habe, und ich weiß, was das Leben mit mir gemacht hat. Ich vergebe mir, wie ich gelebt habe, und ich beschließe, dass ich keinen Rückfall in dieses Leben mehr haben will. Ich werde die Muster und Zyklen aus meiner Vergangenheit durchbrechen.*

Sie erteilen sich damit keinen Freibrief und behaupten, es sei in Ordnung, wenn man Alkoholiker, drogensüchtig, ein zwanghafter Spieler oder ein gewalttätiger Mensch ist. Sie geben sich nicht die Erlaubnis, das wieder zu tun, weil Sie glauben, es sei egal. Sie sagen sich mit diesem Worten vielmehr, dass die Vergangenheit vorbei ist und dass Sie akzeptieren, was Sie erlebt haben, weil Sie Ihre Lektion daraus gelernt haben. Und jetzt, wo Sie sie vollständig verstanden haben, werden Sie nicht mehr dorthin zurückfallen. Sie werden diese Muster nicht mehr wiederholen. Sie haben sich verändert und können jetzt weiterkommen.

Sie können mit sich zufrieden sein. Sie können Ihre innere Ruhe genießen, denn Sie haben sich entschlossen, sich nicht mehr von Ihrem Ego kontrollieren zu lassen. Es ist in Ordnung, dass Sie Sie sind. Es ist gut, dass Sie sich lieben und alles vergeben, was war und dass Sie anfangen, mit Blick auf morgen zu leben. Erschaffen Sie sich das Schicksal, von dem Sie in Wirklichkeit ganz genau wissen, dass Sie es für sich gestalten können.

Sie *können* der Mensch werden, der Sie sein wollen. Sie *können* sich verändern – wenn Sie die notwendige Arbeit dazu leisten. Selbst wenn Sie sehr negativ und verletzend waren, können Sie beschließen, sich zu ändern und nicht mehr so zu sein. Sie können ein treuer, ehrlicher, liebevoller und mitfühlender Mensch werden und Sie brauchen nie mehr wieder Negativität zu erzeugen, weder für sich selbst noch für andere. Sagen Sie sich: *Ich lebe nicht mehr mit dieser Haltung. Ich denke solche Gedanken nicht mehr. Ich stehe nicht mehr unter der Kontrolle meines Egos.*

Ich vergebe mir meine früheren negativen Entscheidungen, indem ich heute ehrlich und aufrichtig lebe. Ich entscheide mich jetzt dafür, in der Wahrheit zu leben.

Was bedeutet das »in der Wahrheit leben«? Es bedeutet, auf allen Ebenen ehrlich zu leben. Dabei geht es nicht nur darum, was Sie sagen, sondern auch, was Sie denken, wie Sie handeln und wie Sie leben. Dazu gehört Authentizität, im Einklang zu leben mit dem, was Sie als Ihr wahres Selbst erkannt haben. Was Sie dafür erhalten, stärkt Sie enorm in

Ihrer Selbstbestimmung. Auf Ihrem Weg in die Zukunft erlangen Sie die Freiheit herauszufinden und zu leben, wer Sie wirklich sind. Es steht Ihnen frei, sich innerhalb Ihres wahren Geistes und Denkens zu verändern, weiterzuentwickeln und in Ihrem Leben voranzukommen.

Vielleicht erkennen Sie, dass Sie bis jetzt kein sehr ehrliches Leben geführt haben. Vielleicht haben Sie einmal gelogen, gestohlen oder jemanden betrogen. Das ist in Ordnung, denn das entspricht dem Menschen, der Sie *damals* waren, und nicht dem, der Sie *heute* sind. Sie haben sich verändert. Sie haben die notwendigen Schritte unternommen, um zu erkennen, wer Sie wirklich sind. Sie haben entdeckt, wie Sie sich auf einer neuen Ebene akzeptieren können, und Sie haben verletzende Urteile über sich selbst und andere losgelassen. Die negativen Muster, die einst Ihr Leben, Ihre Arbeit und Ihre Beziehungen kontrolliert haben, liegen alle in der Vergangenheit. Sie haben sie abgelegt. Entscheiden Sie sich heute dafür, ehrlich zu leben.

Wenn Sie sich ein aufrichtiges Leben erschaffen wollen, dann müssen Sie jeden Augenblick mit sich und anderen ehrlich sein. Stellen Sie sich zum Beispiel einmal vor, Sie sind mit mehreren Leuten im selben Raum und man wirft dem Menschen neben Ihnen etwas vor, was Sie getan haben. Dann müssen Sie zugeben, dass Sie es waren. Melden Sie sich sofort und nicht erst, wenn der rechte Augenblick vorüber ist. Es ist nicht ehrlich, wenn Sie im Nachhinein mit dem fälschlich Beschuldigten sprechen und ihm sagen: »Es tut mir wirklich leid. Ich hätte gleich etwas sagen sollen.« Das muss in dem Moment geschehen, in dem Ihrem Sitznachbarn etwas vorgehalten wird, was Sie getan haben.

Davon abgesehen gibt es vielleicht das eine oder andere, was Sie einmal gesagt oder getan haben und wofür Sie sich jetzt entschuldigen möchten. Wenn Ihr Ausdruck des Bedauerns einem anderen Menschen hilft und ihm wohltut, dann sollten Sie das auf jeden Fall tun. Doch seien Sie vorsichtig! Wenn das Aussprechen der Wahrheit, ein Schuldbekenntnis oder die Bitte um Vergebung andere Menschen zutiefst verletzt oder ihr Leben zerstört, dann tun Sie es nicht. Lassen Sie sich nicht von Ihrem Ego dahingehend manipulieren zu glauben, mit den Betroffenen sprechen und ihnen alles sagen zu müssen. Bekennen Sie vor sich selbst, lernen Sie die Lektion, vergeben Sie sich und schauen Sie nach vorne. Ein stilles inneres Schuldbekenntnis ist auch dann das Beste, wenn das Aufwühlen alter Erlebnisse das Leben eines anderen Menschen völlig durcheinanderbringen könnte. Wenn man Menschen um Vergebung bittet, die noch nicht so weit sind, dann kann dies zuweilen nur noch größere Zerstörung und schlimmeres Chaos verursachen.

In einer solchen Situation schreiben Sie am besten einen Brief der Vergebung an sich selbst. Erwähnen Sie darin alles, wofür Sie Ihrer Meinung nach Vergebung brauchen, was aber am besten ungesagt bleibt, um einen anderen Menschen zu schützen. Sie könnten zum Beispiel schreiben: *Ich habe eine Freundin angelogen und ihr auch später nie die Wahrheit gesagt. Ich habe ihr die Wahrheit deshalb nicht gesagt, weil sie sie verletzt hätte. Damals war sie noch nicht so weit. Ich habe diese Last mit mir herumgetragen. Aber ich bitte um Vergebung. Wenn ich ihr heute alles eingestände, würde das nichts ändern, sondern täte ihr nur weh. Ich habe beschlossen, mir diese Lüge zu vergeben. Jetzt kann ich wieder nach vorne blicken und weiß, dass es das Beste war, sie zu schützen.* Vergeben Sie sich. Wenn Sie das tun, werden Sie nicht mehr von der Vergangenheit manipuliert.

Ich entscheide mich dafür, Schuldgefühle loszulassen, weil ich weiß, dass Sie ein Motor meines Egos sind.

Es muss Ihnen klar sein, dass Sie, wenn es um Vergebung geht – echte Vergebung und eine verzeihende Einstellung –, hin und wieder Schuldgefühle haben werden. Nehmen wir zum Beispiel einmal an, Sie haben einen Fehler gemacht und Sie sagen sich: *Ich habe etwas Falsches getan und ich möchte mir vergeben, denn ich weiß, dass es niemandem dient, wenn ich meine Schuld bekenne und andere um Vergebung bitte.* Doch manchmal fühlen Sie sich schuldig an dem, was geschehen ist.

Schuldgefühle gehören zu den Motoren, die das Ego antreiben. Deshalb kehren viele Menschen immer wieder zu denselben negativen Mustern zurück und erzeugen in ihrem Leben wiederholt dasselbe Chaos. Selbst wenn sie die innere Arbeit geleistet haben, treffen sie doch Jahre später wieder dieselben Entscheidungen und fühlen sich immer noch gleich, weil sie noch Schulgefühle mit sich herumschleppen.

Sie müssen die Scham für das, was gestern geschehen ist, loslassen, weil sie Ihrem Wohlergehen schadet. Sie müssen sie aufgeben, um sich weiterzuentwickeln und die nächste Stufe Ihres inneren Selbst zu erreichen. Sie können nur dann wirklich frei werden und die Kontrolle durch das Ego überwinden, wenn Sie sich von Ihren Schuldgefühlen lösen. Freiheit erlangen Sie erst, wenn Sie die Vergangenheit loslassen.

Wenn Sie sich von Schuldgefühlen lösen wollen, müssen Sie die Lektion vollständig lernen und sich selbst dafür vergeben, wie Sie an den Punkt gekommen sind, an dem Sie heute stehen. Manchmal werden wir aus positiven Erfahrungen klüger und manchmal aus negativen. Doch wenn Sie Ihre Lektion wirklich vollständig lernen, dann hat sich in beiden Fällen gelohnt, was geschehen ist. Deshalb brauchen Sie sich dafür nicht zu verurteilen. Wenn Sie merken, dass Sie sich dafür verurteilen, wie Sie in Ihrer Vergangenheit mit bestimmten Situationen umgegangen sind, dann kehren Sie Ihr Denken um und stützen Sie es stattdessen darauf, wie Sie morgen, also in Zukunft, lernen werden. Diese Verschiebung Ihrer Sichtweise gibt Ihnen die Kraft zu Veränderungen und befähigt Sie dazu, Ihr Leben in die Hand zu nehmen. Jetzt hat nicht mehr Ihr Ego die Kontrolle über Ihr Urteil, sondern *Sie.*

Denken Sie einmal an eine Zeit, als Sie etwas erlebt haben, von dem Sie wissen, dass es falsch war. Es war betrügerisch, unehrlich, hasserfüllt, schmerzlich oder grausam. Tragen Sie die emotionale Last der Schuldgefühle im Zusammenhang mit diesem Erlebnis immer noch mit sich herum? Lösen Sie sich davon. Lassen Sie Ihr Herz und Ihren Geist wissen: *Ja, ich habe das erlebt und ich verstehe, warum ich Schuldgefühle habe.*

Fragen Sie sich dann als Nächstes: *Was sollte ich daraus lernen?* Dazu müssen Sie das Ereignis und das, was Sie daraus mitgenommen haben, untersuchen. Tief in Ihrem Inneren wissen Sie, welche Lektion darin steckte. Wenn Sie sie lernen und verstehen, dann können Sie die Schulgefühle und die damit verbundene emotionale Anhaftung loslassen.

Ich befreie mich jetzt von den selbstbeschränkenden Schuldgefühlen, die ich mit mir herumtrage.

Nehmen wir einmal an, Sie haben Schuldgefühle, weil Sie vor Jahrzehnten jemandem gegenüber unehrlich waren, woran schlussendlich Ihre Freundschaft zerbrochen ist. Was haben Sie daraus gelernt? Vielleicht haben Sie erfahren, welchen Schmerz eine Täuschung auslöst; vielleicht haben Sie entdeckt, wie wertvoll und selten Freundschaften sind; es könnte aber auch sein, dass Sie herausgefunden haben, wie schmerzlich Unehrlichkeit sein kann und wie zerstörerisch sie wirkt, hingegen wie heilend und wohltuend Ehrlichkeit ist. Wenn Sie die Lektion vollständig gelernt haben, dann wiederholen Sie das entsprechende Verhalten nicht mehr. Sie können das akzeptieren und sich von Ihren Schuldgefühlen befreien. Dann fühlen Sie sich wegen dieses Erlebnisses nicht mehr traurig oder leer. Sie haben diese Lernaufgabe erfüllt, jetzt ist sie vorbei und abgeschlossen. Wenn Sie aber andererseits die Botschaft dahinter nicht verstanden haben, dann hat das Erlebnis keinen Wert für Sie und Sie werden Ihre Schuldgefühle weiter mit sich herumschleppen.

Sie sollten unbedingt darauf achten, eine *positive* Lektion zu lernen, die Ihnen dient und Ihnen hilft, ehrlich und aufrichtig zu leben. Wenn jemand zum Beispiel in einem Geschäft etwas stiehlt und dann wegen Ladendiebstahls verhaftet wird, dann dient es ihm nicht, wenn er daraufhin zu dem Schluss kommt, dass man sich keinesfalls erwischen lassen sollte. Wenn er das aus dem Erlebnis mitnimmt, dann lebt er unter der Kontrolle durch das Ego. Eine positive Lektion wäre es, wenn er daraufhin aufhören würde zu stehlen oder erkennt, dass er Hilfe braucht. Vielleicht leidet er unter einer psychischen Störung, etwa Kleptomanie, und braucht Hilfe, um sie zu beheben und geheilt zu werden. Vielleicht muss er Reue lernen. Vielleicht wurde er selbst Opfer eines Verbrechens und muss verstehen lernen, wie die Psyche funktioniert. Bis dieser Mensch die darin verborgene Weisheit erkennt, wird er dieses Muster ständig wiederholen.

Nehmen Sie sich die Zeit, die positive Lektion hinter Ihrem Erlebnis zu entdecken, und sagen Sie sich dann: *Ich gewähre mir Vergebung für das, was ich getan habe. Ich lasse die damit verbundenen Schuldgefühle los, weil ich die Lektion gelernt habe und sie nun abgeschlossen ist. Ich bin nun frei von diesem Erlebnis und kann leben, ohne dass dieser Teil meiner Vergangenheit mich zurückhält. Ich wiederhole dieses Verhalten nicht mehr. Stattdessen entscheide ich mich für den geraden Weg und motiviere mich weiterhin mit positiven und liebevollen Gedanken.*

Es ist an der Zeit, die Tür zum Gestern zu schließen und Ihr Leben heute dem positiven Blick in die Zukunft zu öffnen. Vergeben Sie sich, lassen Sie die Schuldgefühle los und lassen Sie Selbstwertgefühl, Selbstachtung und Selbstliebe in Ihr Leben strömen. Tun Sie dies, indem Sie anerkennen, dass Sie nicht zurückgehen und den Lauf der Geschichte ändern können, und indem Sie akzeptieren, dass diese Erfahrungen Sie viele wertvolle Lektionen gelehrt haben. Es liegen noch unglaubliche Berge vor Ihnen, die es zu besteigen gilt, und viele neue Lektionen warten auf Sie. Denken Sie auf Ihrer Reise daran, beim Abstieg genauso gut auf sich zu achten wie beim Aufstieg – Sie haben es wirklich verdient!

Vergeben Sie anderen für die Fehler ihrer Egos

Ich habe erkannt, dass bestimmte Dinge aus meiner Vergangenheit dazu beigetragen haben, wer ich heute bin. Nicht alles in meiner Vergangenheit hat ein positives Ich geschaffen. Ich bin aber fähig, meine Sichtweise der negativen Aspekte des Gewesenen zu verändern. Ich kann meine Erinnerungen nutzen, um heute anders darauf zu reagieren und Informationen ohne die Kontrolle durch das Ego zu verarbeiten.

Sie können nicht mehr zurück und etwas verändern, was gestern passiert ist, aber Sie können lernen, die Vergangenheit zu akzeptieren und anderen die Rolle zu vergeben, die sie bei Ihren Erlebnissen gespielt haben. Es ist von entscheidender Bedeutung für Sie, dass Sie diesen Weg gehen und allen vergeben. Denn wenn Sie Wut, Groll oder Schuldzuweisungen hegen, dann schadet das *Ihnen selbst* mehr als allen anderen.

Eines müssen Sie wissen: Wenn Sie anderen vergeben, dann bedeutet das nicht, dass Sie damit schlechtes Verhalten gutheißen. Sie erkennen einfach nur, dass Sie das Geschehene nicht ändern können, und akzeptieren, dass in diesen Erlebnissen Lektionen für Sie stecken. Es muss Ihnen nicht unbedingt gefallen, wie Sie zu dem geworden sind, was Sie heute sind, aber Sie können dahin kommen, dankbar zu sein, weil Sie heute stärker sind. Solche Erlebnisse machen Sie zäher, wacher, bewusster und lebenstüchtiger. Sie können es dann schätzen, dass Sie so viel gelernt haben. Im Zustand der Dankbarkeit kann Ihr Ego Ihre Erinnerungen nicht mehr dazu benutzen, einen Teil von Ihnen zu kontrollieren oder zu besiegen.

Wie kommen Sie zu dieser Dankbarkeit, wenn Sie mit extrem schmerzlichen Ereignissen fertig werden müssen? Wie können Sie dankbar sein, wenn Ihnen etwas so sehr wehgetan hat, dass es Ihnen noch heute zu schaffen macht, weil Sie vielleicht bestimmte Dinge in Ihrem Leben mit dieser Erinnerung verbinden? Vielleicht haben Sie aufgrund dieser Verbindung Schwierigkeiten in Ihrer Sexualität oder in Beziehungen, eine Essstörung oder ein niedriges Selbstwertgefühl. Wie können Sie anderen das Geschehene vergeben, wenn Sie auch heute noch mit seinen Folgen oder mit dem Schmerz zu kämpfen haben? Zur Dankbarkeit gelangen Sie, wenn Sie auf Ihre Erinnerungen zurückschauen, entdecken, wo ihr Anfang liegt, sie ohne die Kontrolle durch das Ego verarbeiten und die darin enthaltene Lektion vollständig lernen.

Die folgenden Seiten können Ihnen dabei helfen. Sie werden sich nun auf eine Reise in Ihre Vergangenheit begeben und lernen, wie Sie jedem vergeben können, der zu Ihren Erlebnissen und zu den Lektionen beigetragen hat, die Sie seit Ihrer Geburt bis heute gelernt haben.

Von der Geburt bis zum Alter von vier Jahren

Wie wir bereits im ersten Kapitel erklärt haben, erinnern Sie sich vielleicht gar nicht daran, was in dieser Zeitspanne geschehen ist. Doch Ihr Unterbewusstsein speichert Informationen. Stellen Sie sich zum Beispiel einmal vor, dass der Arzt noch in der Sekunde Ihrer Geburt ausruft: »Ein Riesenbaby!« Diese ersten Worte werden Ihrem Verstand einprogrammiert. Nehmen wir weiter an, dass Ihre Mutter, die selbst übergewichtig ist, Ihnen mit der Säuglingsnahrung gesüßten Apfelsaft füttert. Sobald Sie feste Nahrung essen können, gibt sie Ihnen Kekse und Süßigkeiten. Und im Alter von drei Jahren wiegen Sie bereits 35 Kilo. Sie sind dick – genau wie der Arzt gesagt hat. Im Alter von vier Jahren sind Sie immer noch dick und fangen jetzt an, die Gefühle zu spüren, die man als dickes Kind hat. Die Kinder in Ihrer Umgebung sind klein und zart. Sie sind größer, schwerer und vielleicht auch stärker als sie – vielleicht schubsen und schlagen Sie die anderen deshalb auch gern einmal. Leider wurden Sie genau daraufhin programmiert und man hat Sie genau das gelehrt. Als Erwachsener haben Sie heute wahrscheinlich immer noch mit Ihrem Essverhalten und einem niedrigen Selbstwertgefühl zu kämpfen.

Ich bin fähig, meine negativen Angewohnheiten in den Griff zu bekommen.

Sie könnten nun anderen die Schuld zuschieben und fragen: »Warum habt ihr mir in diesen entscheidenden Jahren nicht gesagt, dass ich ein gutes Kind bin, dass ich klug bin und alles werden kann, was ich will? Warum habt ihr mir nicht gesagt, dass ich das Recht habe, ich selbst zu sein? Warum habt ihr mir nicht die Nahrung, das Verständnis, die Aufrichtigkeit und die Liebe zukommen lassen, die ich gebraucht habe – ohne Bedingungen und Urteile?«

Die Antwort auf all diese Fragen lautet sehr wahrscheinlich, dass die Menschen in Ihrer unmittelbaren Umgebung in ihrer eigenen Vergangenheit etwas Ähnliches erlebt haben. Sie besaßen nicht die Schlüssel der Erkenntnis, der Akzeptanz und der Vergebung. Sie haben ihr Ego auf Sie projiziert, weil auch sie kontrolliert und manipuliert wurden. Sie haben einfach nur ihre eigenen Vorstellungen und Überzeugungen weitergegeben.

Was wir wissen, geben wir an andere weiter. Wenn die Autoritätspersonen in Ihrem Leben nicht erkannt haben, wer sie wirklich sind, wenn sie sich selbst nicht akzeptiert und vergeben haben, dann setzt sich dieses Muster fort. Es liegt an Ihnen, den Zyklus zu durchbrechen. Und hier kommen wir zur Vergebung. Sie müssen sich selbst, anderen und der Vergangenheit vergeben. Vergeben Sie Ihrer Mutter, dem Arzt und so weiter. Geben Sie ihnen nicht die Schuld, denn sie haben es nicht besser gewusst.

Sie müssen auch sich selbst dafür vergeben, dass Sie nicht wussten, wer Sie wirklich sind. Akzeptieren Sie, dass Sie in dieser Lebensphase von den Vorstellungen programmiert wurden, die andere von Ihnen hatten. Was andere von Ihnen glauben, ist aber nicht Ihre wahre Identität, es ist nicht Ihr wahres inneres Selbst. Es ist nur das, was deren Ego auf Sie projiziert. Damals konnten Sie noch nicht sagen: *Das ist gar nicht der Mensch, der ich wirklich bin. Ich bin gesund. Ich bin klug. Ich bin groß. Ich kann alles erreichen, was ich will.* Sie hatten die Schlüssel nicht – aber jetzt haben Sie sie.

Jetzt bin ich mein wahres Selbst, unbegrenzt durch die Vorstellungen anderer.

Wenn Sie zurückblicken und die Ereignisse in Ihrem Leben analysieren, dann entdecken Sie vielleicht, dass Verlassenwerden ein Thema für Sie ist. Vielleicht haben Sie Angst, weil man Sie oft allein gelassen hat. Vielleicht hat Ihre Babysitterin Sie geschlagen, war gemein zu Ihnen oder hat Sie angeschrien, und daher haben Sie heute Angst vor Auseinandersetzungen. Vergeben Sie dieser Lebensphase. Erkennen Sie, dass Ihre Ängste einzig und allein auf alten Programmierungen beruhen. Entscheiden Sie sich dafür, Ihren Verstand, Ihren Geist und Ihr Herz von den emotionalen Barrieren und Einseitigkeiten zu befreien, die diese Programmierungen verursacht haben. Machen Sie sich davon frei und erlauben Sie Ihrem Geist, sich von dieser Zeit in Ihrer Vergangenheit abzuwenden und nach vorne zu sehen.

Ich habe alle Schuldzuweisungen an andere losge-lassen. Ich akzeptiere die Lektionen, die ich gelernt habe. Ich weiß, dass ich sie als Hilfe nutzen kann, um meine wahre Identität zu erreichen.

Wenn Sie nicht alles an sich ausschließlich positiv finden, dann geben Sie nicht anderen die Schuld daran. Nutzen Sie den Schlüssel der Vergebung und befreien Sie sich und andere damit aus diesen negativen Zyklen. Wenn Sie das tun, haben Sie die Muster und die Programmierung Ihres Verstandes geändert. Jetzt können Sie akzeptieren, dass diese Zeit sehr wertvoll war, und zwar aufgrund der Lektionen, die Sie gelernt haben. Es war notwendig, dass Sie diese Erlebnisse hatten, damit Sie die entsprechenden mit Ihrer wahren Lebensaufgabe verbundenen Themen durchleben konnten. Jetzt ist dieser Prozess abgeschlossen. Sie haben aus dem Geschehenen gelernt. Es ist vorbei und Sie schauen nach vorne.

Sie können sich sagen: *Ich habe meinen ersten Lebensabschnitt noch einmal genauer angesehen und erkenne, dass meine Programmierung aus dieser Zeit kommt. Ich bin jetzt damit im Reinen und ich verstehe, warum ein Teil meiner Persönlichkeit vielleicht nicht ganz so ist, wie ich mir das wünsche. Ich akzeptiere mich.* Seien Sie sich aber dessen bewusst, dass Ihr Ego versuchen wird, die Kontrolle über diese Selbstentdeckung zu gewinnen. Dann sagt es Ihnen: *Du kannst das nicht loslassen.* Lassen Sie sich das nicht bieten und erwidern Sie: *Und wie ich das kann!* Wenn eine negative Erinnerung hochkommt, aufgrund derer Sie sich minderwertig fühlen, dann lassen Sie Ihr Ego wissen, dass Sie definitiv fähig sind, der Mensch Ihrer Träume zu werden und nicht zulassen werden, dass dieser verurteilende, wütende und kontrollierende Teil Ihres Verstandes die Oberhand gewinnt.

Bestätigen Sie sich, dass Sie wieder am Ruder sind – der Mensch, als der Sie bei Ihrer Geburt gedacht waren, und nicht die Identität, die von der Gesellschaft geschaffen wurde. Wenn Sie nun die nächste Lebensphase durcharbeiten, dann versuchen Sie bewusst, positiv zu denken. So lassen Sie los, schauen nach vorne und schreiten fort zur nächsten Ebene Ihres Lebens.

Ich weiß jetzt, wie fähig ich bin.

Von vier bis zehn Jahren

Wie wir bereits in Kapitel 1 erwähnt haben, sind dies die »Erfahrungsjahre«. Sie probieren Neues aus und Sie lernen ständig etwas hinzu. Ihr Verstand saugt alles auf, und Sie sind uneingeschränkt offen für neue Informationen. So Vieles nehmen Sie nun bereitwillig an. Jetzt haben Sie auch eine gewisse Verantwortung, denn Sie sind unabhängiger geworden. Sie gehen alleine nach draußen zum Spielen.

Ihre Mutter muss nun nicht mehr auf Schritt und Tritt an Ihrer Seite sein. Natürlich passt immer jemand auf Sie auf, aber Sie sind selbstständiger und lernen etwas aus dem, was Sie erleben.

Sie wollen wissen, wie es ist, wenn man über den Zaun klettert, also tun Sie es. Sie entdecken, dass es dort einen großen Hund gibt, und er beißt Sie. Jetzt haben Sie ein traumatisches Erlebnis. Das ist schrecklich und tut weh. Sie bluten und werden für den Rest Ihres Lebens Narben zurückbehalten. Aber geben Sie dem Hund die Schuld daran? Werden Sie dem Hundebesitzer ewig böse sein? Tatsache ist doch, dass Sie selbst beschlossen haben, über den Zaun zu klettern. Vergeben Sie sich dafür, vergeben Sie dem Hund und vergeben Sie seinem Besitzer, indem Sie aus der Erfahrung lernen.

Was haben Sie entdeckt? Ihre Narben haben Sie gelehrt, so etwas nie wieder zu tun und zu erkennen, dass Sie innerhalb der Grenzen Ihres Grundstücks geschützt sind. Diese Grenze können Sie immer weiter ausdehnen, aber Sie müssen sorgfältig darauf achten, was auf der anderen Seite ist. Sie wissen zwar, dass Sie stark und fähig sind, dass Sie lernen und Neues erleben wollen, aber Sie müssen auch achtsam sein. Das sind wertvolle Lektionen.

Aus der Perspektive der Vergebung kann man dieses Erlebnis aber auch so betrachten, dass der Hund Ihnen eine Lektion erteilt hat. Vergeben Sie dem Hund, weil *Sie* ihn in Ihr Leben gelassen haben. Das stimmt nicht? Warum hat dann der Hund ein anderes Kind, das ebenfalls über den

Zaun geklettert ist, nicht gebissen, Sie aber schon? Vielleicht, weil Sie es gebraucht haben. Lernen Sie die Lektion, damit sie abgeschlossen ist und Sie sie in Zukunft nicht mehr wiederholen müssen.

Sehen Sie weiterhin das Positive in allem, was Sie erlebt haben, und vergeben Sie. Im Alter zwischen vier und zehn Jahren lernen Sie aus allem Möglichen. Positiv oder negativ – alles wird in Ihrem Verstand gespeichert und Ihre Überzeugungen bilden sich heraus. Manches erzeugt Furcht oder Angst, anderes womöglich körperliche, mentale, emotionale oder psychische Störungen – es kommt immer darauf an, wie Sie Ihre Erlebnisse filtern.

Stellen Sie sich zum Beispiel Folgendes vor: Als Sie sieben Jahre alt und in der zweiten Klasse waren, hat der Lehrer Sie vor der ganzen Klasse getadelt und auf die Hand geschlagen. Er hat Sie erniedrigt. Sie fühlten sich schwach und wurden immer stiller. Aber vielleicht sollen Sie aus diesem Tag etwas ganz anderes mitnehmen. Vielleicht hätten Sie lernen sollen, zu einer der Besten in der Klasse zu werden, damit die anderen sehen konnten, dass Sie eine gute Schülerin sind, und es Ihnen gleichtun. Vielleicht war dieser Zusammenstoß dazu gedacht gewesen, Sie zu der Anführerin zu machen, zu der Sie geboren wurden. Nehmen Sie aus jedem Kapitel Ihres Lebens die positiven Lektionen mit.

Zugegeben, das kann eine große Herausforderung sein, wenn die Lektionen sehr traumatisch sind, zum Beispiel wenn Sie ein Opfer von Gewalt wurden. Ein solches Ereignis programmiert Schmerz in Ihr Ego. Ob Ihre Qualen nun körperlich, emotional, mental oder psychisch sind, die Lektionen, die Sie daraus lernen, bestimmen, ob Sie liebevoll mit sich umgehen können – sich für Selbsterkenntnis, Akzeptanz und Vergebung entscheiden – oder ob Sie als Erwachsener immer noch Groll hegen und verletzend mit sich selbst und anderen umgehen.

Ich vergebe mir dafür, dass ich zugelassen habe, dass negative Gedanken mein Leben bestimmt haben.

Wie können Sie sich für Ersteres entscheiden, sich Liebe schenken und vergeben, wenn etwas so Schmerzliches geschehen ist? Sie machen es ganz genau so wie bei jedem anderen Erlebnis: Sie akzeptieren, dass Sie nicht zurückgehen und das Geschehene ändern, wohl aber anerkennen können, dass es für Sie daraus etwas Wertvolles zu lernen gibt. Vielleicht hieß die Botschaft, dass Sie öfter um Schutz bitten oder besser auf Ihre Umgebung achten sollten. Vielleicht haben Sie den Wunsch in sich entdeckt, andere zu beschützen, und arbeiten heute in einem Beruf, in dem Sie diese Lebensaufgabe erfüllen können. Wenn Sie wissen, dass alles mit Ihrem Lebensthema zu tun hat und diesem Zweck dient, dann können Sie alles vergeben, was Sie in dieser Lebensphase erlebt haben – sei es negativ oder positiv.

Lernen Sie jede einzelne Lektion, die Ihre Selbstbestimmung fördert. Sie haben es verdient, stark zu sein. Sie brauchen die negativen Assoziationen zu diesem Erlebnis nicht bis zu Ihrem Tod mit sich herumzutragen. Sie sind es wert, Frieden, Freude und Glück zu erleben. Tun Sie, was Sie nur können, um in allem, was Sie erlebt haben, eine positive Lektion zu entdecken. Da Sie nicht mehr zurückkönnen, um das Erlebte zu ändern, verändern Sie stattdessen Ihre Wahrnehmung. Ziehen so viel Gutes daraus, wie Sie nur können.

Hatten Sie schlimme Erlebnisse, die emotionale, körperliche oder psychische Wunden hinterlassen haben? Wenn ja, werden Sie dann zulassen, dass diese Narben Sie davon abhalten, sich weiterzuentwickeln, stark zu werden und Ihre wahre Identität zu erkennen? Das brauchen Sie nicht. Sie können sich systematisch selbst heilen. Schauen Sie sich nicht jeden Tag Ihre Narben an und sagen Sie sich, dass Sie sie nur deshalb haben, weil Sie etwas Schlimmes getan oder etwas falsch gemacht haben oder gar ein schlechter Mensch waren. So etwas sagt nur Ihr Ego. Hören Sie gar nicht hin, sonst glauben Sie am Ende noch, dass es stimmt, und dann heilt Ihre Narbe niemals ab.

Schauen Sie sich stattdessen Ihre Narbe an und sagen Sie sich: *Ja, das war hart. Da habe ich wirklich etwas Schweres durchgemacht. Doch obwohl es äußerst schmerzlich war, war es doch eine wertvolle Erfahrung in meinem Leben, und sie wird sich niemals wiederholen. Die Narbe ist vielleicht noch ziemlich hässlich, aber ich lasse jetzt zu, dass sie heilt.*

Ich werde zusehen, wie sie sich schließt, und das Negative, das damit verbunden ist, loslassen. Bald geht es mir wieder gut. Ich verstecke sie nicht. Nein, ich trage sie völlig offen. Ich lasse meinen Verstand, meinen Körper und meinen Geist diese Narbe spüren, damit mir vollkommen bewusst wird, wer ich bin und was ich gelernt habe. Ich habe mit dieser Erfahrung abgeschlossen und werde nicht mehr zulassen, dass sie mich negativ beeinflusst.

Die Erfahrung gehört der Vergangenheit an, sie ist vorbei. Nehmen Sie die positiven Lektionen mit, denn sie geben Ihnen Kraft. Doch befreien Sie sich von allem Negativen. Erkennen Sie, dass Sie an dieser schmerzlichen Erinnerung nicht mehr festzuhalten brauchen. Akzeptieren Sie sie, vergeben Sie anderen und bringen Sie sie hinter sich. Die Erinnerung verbleibt irgendwo in Ihrem Kopf, und wenn Sie sie wieder hervorholen und noch einmal analysieren wollen, dann können Sie das tun. Aber jetzt werden Sie damit keine negativen Gefühle mehr verbinden, weil Sie die Lektionen nun verinnerlicht haben. Sie haben sich für Ihre Freiheit entschieden und brauchen die Vergangenheit nicht mehr mit sich herumzuschleppen. Sie ist ein für alle Mal vorbei, und Sie sind dadurch stärker geworden.

In jenen Jahren können Sie aber auch von Menschen programmiert werden, die positiven Einfluss auf Sie haben. Vielleicht war Ihr Vater Arzt oder Krankenpfleger oder Telefontechniker und Sie wollten das als Kind auch werden. Sie wollten so werden wie Ihr Vater: gut, freundlich, liebevoll, ehrlich und freigebig. Vielleicht haben Ihre Eltern Sie das gelehrt, weil sie gelernt haben, ohne Urteile und ohne Ego zu leben.

Hier müssen Sie wissen, dass positive Botschaften sich zwar wunderbar anfühlen, aber leider allzu oft einseitig sind. Nehmen wir zum Beispiel mal an, man sagt Ihnen tagtäglich: »Du bist eine Prinzessin. Du bist so wunderhübsch.« Sie sind zwischen vier und zehn Jahre alt und haben sich noch kein bisschen weiterentwickelt. Die Zeit vergeht und nun sind Sie zwölf Jahre alt. Plötzlich meldet sich die Pubertät. Sie haben ein bisschen Babyspeck und Ihre Zähne stehen ein wenig schief. Vielleicht haben Sie auch noch ziemlich dünnes Haar und beneiden Ihre Freundin mit der wunderschönen vollen Mähne. Sie möchten aussehen wie sie, denn Ihr Ego sagt Ihnen, dass sie wie eine Prinzessin aussieht, nicht Sie selbst. Sie finden sich schrecklich, denn man hat Ihnen gesagt, Sie seien eine Prinzessin, und nun möchten Sie diesem Ideal auch entsprechen. Sie glauben, Sie müssten das intelligenteste und hübscheste Mädchen sein, damit man Sie akzeptiert und mag, aber Sie fühlen sich überhaupt nicht so. Sie wissen noch nicht, wer Ihr authentisches Selbst ist.

Dann werden Sie erwachsen und verabscheuen sich, weil Sie keine Prinzessin sind. Sie müssen Ihren Eltern dafür vergeben, was sie zu Ihrem heutigen Selbstempfinden beigetragen haben, indem Sie akzeptieren, dass selbst in zu viel positiver Verstärkung eine wunderbare Lektion stecken kann. Finden Sie heraus, was Sie bei jedem Erlebnis gewonnen haben, damit Sie die Lektion abschließen und sich von den Einseitigkeiten befreien können.

Ich bin fähig, alle Lektionen zu akzeptieren, in welcher Form sie auch kommen.

Von zehn bis 20 Jahren

Im Alter zwischen zehn und 20 Jahren wurden Sie darauf programmiert zu glauben, wer Sie sind. Sagen wir mal, Sie sind zwölf Jahre alt und Sie fragen Ihre Mutter, ob Sie ihr beim Kochen helfen dürfen. Sie lehnt ab und meint, Sie könnten das nicht richtig, Sie stünden ihr nur im Weg herum. Ihr Ego macht sich diese Aussage zunutze und sagt Ihnen, Sie seien in den Augen Ihrer Mutter nichts wert. Sie seien einfach nur eine Last. Vielleicht hat Ihre Mutter das nur gesagt, weil sie müde war oder weil auch ihre Mutter sie so behandelt hat. Wer weiß? Was der Grund auch gewesen sein mag, Sie sind jedenfalls soeben darauf programmiert worden zu glauben, Sie seien wertlos, eine Last und nur im Weg.

Was wäre, wenn Sie an jenem Tag gefragt hätten, ob Sie helfen dürfen, weil es Ihre Lebensaufgabe ist, Koch zu werden? Diese Antwort könnte Sie vom Wege abbringen, wenn Ihr Ego sie dazu benutzt, Ihnen lauter negative Gedanken über sich selbst einzupflanzen. Ihr Ego sagt Ihnen, dass Sie nie Koch werden, weil Sie gar nicht wissen, wie man richtig kocht und in der Küche nur im Weg sind. Sie glauben, was Sie denken. Es muss wahr sein, weil Sie ja erst zwölf Jahre alt sind und Ihre Mutter es gesagt hat. Ihre Mutter weiß schließlich alles.

Jetzt sind Sie 25, 30 oder 40 Jahre alt, erinnern sich an die Geschichte und sind wütend auf Ihre Mutter, weil sie so etwas gesagt hat. Sie haben den Schlüssel der Erkenntnis benutzt und Ihnen ist klar geworden, dass Sie schon immer Koch werden wollten, aber dieses Erlebnis verhindert hat, dass Sie Ihr Ziel erreichen konnten. Das macht nichts, es ist noch nicht zu spät. Sie können immer noch Koch werden. In der Zwischenzeit müssen Sie Ihrer Mutter ihren Beitrag zu Ihrem Ego vergeben. Lernen Sie aus der Erfahrung und schauen Sie nach vorn.

Aus diesem Erlebnis folgten vielleicht weitere Lektionen. Vielleicht hat Ihr Vater gehört, was Ihre Mutter gesagt hat, und eingegriffen. »Lass unseren Sohn doch beim Kochen helfen. Er kann das bestimmt richtig gut.« Vielleicht hat Ihr Vater Sie unterstützt. Er wusste, dass man ein Kind nicht einschränken, sondern bestätigen sollte. Vielleicht war das Essen an jenem Tag besonders lecker. Heute sind Sie 45 und ein wunderbarer Koch. Im Grunde hat also das Erlebnis mit Ihrer Mutter mit dazu beigetragen, Ihre Lebensaufgabe zu erfüllen, also vergeben Sie ihr. Andernfalls kann die Angst Sie auch heute noch beeinflussen. Wenn Sie zum Beispiel als Spitzenkoch in einer Fernsehsendung auftreten sollten und Ihrer Mutter nicht vergeben hätten, dann hätten Sie ihre Worte immer noch im Hinterkopf: *Du bist nicht gut. Du kannst das nicht richtig. Mach, dass du aus der Küche kommst.* Vergeben Sie ihr, vergeben Sie dem Erlebnis und lassen Sie die Kontrolle durch das Ego los.

Tatsächlich lernen wir im Alter zwischen zehn und 20 Jahren, uns vom Ego kontrollieren zu lassen. Sagen wir mal, Sie sind 16 Jahre alt und haben Ihre erste Arbeitsstelle. Jemand sagt Ihnen, Sie seien inkompetent und wüssten gar nichts. Da Sie noch nie gearbeitet haben, fühlen Sie sich jetzt einfach schrecklich. Diese Bemerkung kann eine sich selbsterfüllende Prophezeiung werden. Dann fürchten Sie sich so sehr vor der nächsten Kritik, dass Sie an sich selbst zweifeln und ängstlich werden. Und weil man weniger gut lernt, wenn man ängstlich und furchtsam ist, macht man schließlich auch mehr Fehler.

Derlei Erfahrungen, besonders in diesem Alter, bleiben einem erhalten. Stellen Sie sich einmal Folgendes vor: Sie sind etwa 19 Jahre alt und haben gerade Ihr Abitur gemacht – nicht unbedingt glänzend, aber Sie haben es geschafft. Sie sind stolz auf sich. Bei der Abschlussfeier stehen Sie auf, kommen auf die Bühne und nehmen Ihr Zeugnis in Empfang. Am Abend gehen Sie aus und feiern ausgelassen. In der Woche drauf sitzen Sie mit Ihrem Vater im Wohnzimmer und er sagt: »Du hättest mehr leisten können. Ich hoffe, das wird besser, wenn Du erst an der Uni bist.« Und der ganze Stolz auf das, was Sie erreicht haben, ist dahin.

Jetzt stehen Sie kurz vor dem Studium und machen sich Gedanken, wie Sie dort gute Leistungen erbringen sollen. Ihr Vater hat Sie darauf hingewiesen, dass Sie bisher nichts Besonderes geleistet haben, also glauben Sie, nicht besonders gut zu sein. Ohne die Schlüssel der Erkenntnis, der Akzeptanz und der Vergebung könnten solche programmierten Überzeugungen sich negativ auf Ihr Studium und schließlich auch auf den weiteren Verlauf Ihres Lebens auswirken.

Ich halte jetzt die Schlüssel der Erkenntnis, der Akzeptanz und der Vergebung in der Hand. Ich bin bereit, voranzuschreiten und meine Freiheit zu erlangen.

Stellen Sie sich umgekehrt einmal vor, Sie säßen nach dem Abitur mit Ihrem Vater im Wohnzimmer und er sagte: »Dieses Jahr fängst du nun also an zu studieren. Ich bin sehr stolz auf dich. Ich weiß, dein Studium wird dir richtig gut gelingen. Du hast das Abitur geschafft und du bist ein toller Mensch. Ich weiß, dass dir alles offensteht, was du dir in diesem Leben wünschst. Denk einfach immer daran, wenn du morgens aufwachst. Außerdem möchte ich dir noch Folgendes sagen: Egal, wo du auch bist auf dieser Welt, solange du einfach du selbst bleibst und ehrlich bist, wird dir alles gelingen, was du dir vornimmst.«

Viele Eltern sagen ihren Kindern etwas in der Art. Oft sagen sie ihren Kindern ganz bewusst, dass sie möchten, dass ihre Kinder ihr Bestes geben und alles tun, um ihre Träume zu verwirklichen. Das ist ein wunderbares Geschenk, das Sie als Eltern Ihren Kindern machen können. Wenn Sie so etwas erlebt haben, dann werden Sie an die Universität gehen und Ihr Studium bestens abschließen. Sie werden sehr gut sein und es wird Ihnen viel Freude machen. Sie haben Motivation und wissen, was Sie können. Ihr Ego ist in einem positiven Gleichgewicht.

Wenn Sie zurückschauen: Was war im Alter zwischen zehn und 20 Jahren schwierig für Sie? Aufgrund welcher Erfahrungen haben Sie große Angst entwickelt, wirklich der Mensch zu werden, der Sie eigentlich sein wollten? Aufgrund welcher Ereignisse wurden Sie unfähig, sich selbst zu lieben? Wenn Sie zulassen, dass Ihr Ego aufgrund der Geschehnisse in dieser Zeit die Kontrolle übernimmt, dann werden Sie nie darüber hinwegkommen. Wenn Sie aber Veränderungen annehmen und jene traumatischen Ereignisse vergeben, dann können Sie einen neuen Pfad für Ihre Zukunft einschlagen. Dann leben Sie nicht mehr in Selbstzweifeln oder haben das Gefühl, Sie könnten nichts tun. Sie erlauben sich, nach vorne zu blicken und eine großartige Studentin oder ein großartiger Student zu werden.

Vielleicht sind Sie jetzt 47 Jahre alt und möchten einen Schulabschluss nachholen, den Sie beim ersten Mal nicht geschafft haben. Das war damals, als das alte Selbst sich noch nicht erkannt hatte. Sie steckten voller Urteile und Angst. Aber jetzt können Sie alles erreichen. Das stimmt wirklich! Es gibt keine Einschränkungen, keine Grenzen. Sie werden Ihren Schulabschluss nachholen und Ihre Prüfungen dieses Mal glänzend bestehen. Sie haben noch 20 Arbeitsjahre vor sich und möchten Ärztin werden. Schaffen Sie das? Natürlich schaffen Sie das! Wenn Sie die Selbstvergebung nutzen, dann gibt es nichts, was Sie aufhalten kann. Fangen Sie an, nach vorne zu schauen und Ihre Lebensaufgabe zu erfüllen.

Heute lasse ich Vergebung zu, und ich habe beschlossen, meine Lebensaufgabe zu erfüllen.

Wenn Sie die Probleme kennen, die die negative Programmierung Ihres Egos geschaffen hat, dann können Sie allen vergeben und den Rest Ihres Lebens an Ihrer Entscheidung ausrichten, Ihre Lebensaufgabe zu erfüllen. Sie können sich daranmachen und Rechtsanwalt werden, wenn Sie das möchten. Vielleicht entscheiden Sie sich für ein Fachgebiet, auf dem Sie Kindern zu Selbstbestimmung und Freiheit verhelfen können. Vielleicht möchten Sie den Menschen auch beibringen, wie man über die vergangenen Lebensabschnitte nachdenken und erkennen kann, wie jeder Abschnitt die eigene Entwicklung beeinflusst, gerade so, wie Sie es selbst eben getan haben. Vielleicht möchten

Sie, dass alle Menschen genau wie Sie erkennen können, dass Erfolg möglich ist – ohne Grenzen, ohne Einschränkungen.

Sie wollten also Anwältin werden, aber als Sie acht Jahre alt waren, sagte Ihr Vater: »Dazu bist du zu dumm und zu faul. Schlag dir das aus dem Kopf, denn aus dir wird sowieso nie was. Du taugst einfach nichts.« Jetzt haben Sie ihm vergeben. Sie sagen sich: *Papa, es ist in Ordnung, dass du nicht an mich geglaubt hast, denn ich glaube an mich. Ich kenne mich so, wie du mich nie gekannt hast, und ich bin stolz auf mich. Ich verstehe mich und ich bin in Ordnung. Ich habe dir dafür vergeben, dass du dich selbst nicht verstehst und so hart urteilst. Ich habe dir vergeben, was du gesagt hast, denn wahrscheinlich hast du dasselbe von jemand anderem zu hören bekommen und dich davon nie frei gemacht. Du hast dir nicht erlaubt, nach vorne zu sehen und dich zu einer höheren Stufe des Selbst weiterzuentwickeln. Ich vergebe dir und fühle mich wohl damit.*

Jetzt ist alles möglich. Jetzt schleppen Sie die Schranken, die Last und die Vergangenheit, die Sie davon abgehalten haben, Sie selbst zu sein, nicht mehr mit sich herum. Der Rest Ihres Lebens wird so, wie Sie ihn gestalten. Bereiten Sie sich heute auf morgen vor und denken Sie dabei daran, dass Ihre Zukunft erfüllt sein wird von den Hoffnungen, den Träumen und den Erwartungen, die Sie schon immer gehegt haben.

Ich weiß, dass ich die Vorstellungen meines Egos vollständig unter Kontrolle haben kann.

Wenn Sie dies lesen, dann hören Sie vielleicht, wie Ihr Ego sagt: *Nein, das kannst du nicht! Bist du verrückt? Meine Güte, hast du eigentlich noch alle Tassen im Schrank? Was glaubst du eigentlich, wer du bist?* Dann lassen Sie Ihr wahres Ich antworten: *Heute werde ich dafür sorgen, dass meine Träume und Hoffnungen wahr werden, weil ich dazu in der Lage bin. Es gibt nichts mehr, was mich zurückhält. Ich lebe in Freiheit. Ich habe vergeben. Ich weiß, wer ich bin, und ich akzeptiere das. Ich bin zu meiner ureigenen Freiheit vorangeschritten, und ich gestalte den Rest des Weges. Ich weiß, welches Schicksal mir offensteht. Ich werde meine Lebensaufgabe erfüllen. Ganz gleich, was andere sagen, tief in mir weiß ich, dass ich mir dies so erwählt habe. Es ist meine wahre Lebensaufgabe und ich bin fähig, sie zu erfüllen.*

Bedeutet dies, dass Sie von nun an bis in alle Ewigkeit nie mehr Lektionen lernen, Schmerz erleben oder sich und anderen vergeben müssen? Nein – und das ist auch gut so. Denken Sie daran, dass auch Ihre künftigen Erfahrungen Ihnen dienen werden. Sie werden Ihnen auch weiterhin helfen, zu dem besten Menschen zu werden, der Sie sein können, und sich das bestmögliche Leben zu gestalten. Benutzen Sie in solchen Zeiten wiederum den Schlüssel der Vergebung, um Widrigkeiten zu überwinden, mit Unvollkommenheiten fertig zu werden und die Chance zu einem Neubeginn zu ergreifen.

Ich weiß, dass ich fähig bin, alle künftigen Lektionen zu überstehen.

Selbstrefexion:
Wem muss ich vergeben?

Heute weiß und akzeptiere ich, dass ich nicht zurückgehen und die Vergangenheit ändern kann, und ich erkenne, dass ich in der Vergebung Freiheit finde. So werde ich mir der Lektionen, die ich gelernt habe, vollkommen bewusst. Ich bin ein liebevoller Mensch und ich bin es wert, von allem befreit zu werden, was meiner Lebensaufgabe nicht dienlich war.

Jetzt besitzen Sie den Schlüssel der Vergebung. Sie wissen, dass Sie nicht in der Zeit zurückreisen und die Vergangenheit ändern können, und Sie akzeptieren, dass Sie aus Ihren Erfahrungen wertvolle Lektionen gelernt haben. Jetzt ist es an der Zeit, dieses Wissen auch anzuwenden. Schreiben Sie dazu wiederum einen Brief der Selbstreflexion – einen Brief der Vergebung.

Nehmen Sie sich, bevor Sie anfangen, ein paar Minuten Zeit für eine Affirmation:

Ich lasse zu, dass meinem Körper, meinem Verstand und meinem Geist für die Vergangenheit vergeben wird. Ich lasse zu, dass alle meine alten Erfahrungen jetzt keine Last mehr sind. Ich bin mehr wert, als ich einst gedacht habe. Ich lasse die Urteile los und vergebe dem Menschen, der ich war. Ich werde zu einem selbstbestimmten und von Grund auf wahrhaftigen Selbst. Ich weiß, dass Ehrlichkeit wahre Selbstbestimmung ist.

Diese Selbstreflexion hat einen doppelten Zweck. Erstens gönnen Sie sich die Zeit für Entdeckungen. Blicken Sie zurück in Ihre Vergangenheit und fragen Sie sich: *Wem muss ich vergeben?* Sich selbst? Ihren Lehrern, Ihrer Religion, Ihren Freunden, Klassenkameraden, Eltern? Und was ist mit Ihrem Ego? Nehmen Sie sich die Zeit und stellen Sie fest, wem Sie alles vergeben müssen.

Der zweite Zweck dieses Briefes besteht darin, herauszufinden, wer Sie ohne Vergebung waren, wer Sie mit Vergebung sind und wer Sie mit diesem Schlüssel werden möchten. Nutzen Sie den Brief aus diesem Grund auch, um sich die folgenden drei Fragen zu beantworten:

- Wer war ich *ohne* Vergebung?
- Wer bin ich *mit* Vergebung?
- Wer möchte ich *mit* Vergebung *werden*?

Beginnen Sie Ihren Brief mit folgender Absichtserklärung:

> *Mit diesem Brief verbinde ich die Absicht, festzustellen, wem ich vergeben muss, und auf einer tieferen Ebene zu entdecken, wer ich ohne Vergebung war, wer ich mit Vergebung bin und wer ich mit Vergebung werden möchte.*

Muster für einen Brief der Vergebung

Liebes Selbst,
mit diesem Brief verbinde ich die Absicht, festzustellen, wem ich vergeben muss, und auf einer tieferen Ebene zu entdecken, wer ich ohne Vergebung war, wer ich mit Vergebung bin und wer ich mit Vergebung werden möchte.

Wer war ich ohne Vergebung? Ich habe erkannt, dass ich, bevor ich mir vergeben habe, immer Angst hatte, die Wahrheit zu sagen. Ich habe mir Sorgen gemacht, dass mich keiner mehr mögen würde, wenn ich ehrlich wäre. Mein Ego nutzte diese Angst und kontrollierte mich so stark, dass ich einfach nur noch gesagt habe, was alle anderen hören wollten. Ich machte ihnen vor, ich sei glücklich, wenn ich es in Wirklichkeit gar nicht war. Das war eine Lüge. Ich sagte, dass es in Ordnung sei, was sie machten, auch wenn es mir wehtat. Das war, die nächste Lüge. Ich übertrieb mit dem, wer ich war, und gab vor, jemand zu sein, der ich gar nicht war – noch mehr Lügen. Eine Lüge nach der anderen, und mein Ego hatte alles voll unter Kontrolle. Es sagte mir, ich sei eine Lügnerin und deshalb ein schlechter Mensch. Es sagte, ich hätte Vergebung gar nicht verdient, weshalb ich noch mehr log. Es war ein Teufelskreis.

Aus Mangel an Vergebung fühlte ich mich auch schuldig. Ich fühlte mich elend wegen der Fehler, die ich in der Vergangenheit gemacht hatte. Und ich fand mich dadurch noch weniger liebenswert und akzeptabel. Ich habe versucht, den Schmerz mit Alkohol und Essen zu betäuben, aber das hat nicht funktioniert. Davon wurde der Schmerz nur noch stärker, sodass ich noch mehr aß und noch mehr trank, was schließlich auch mein körperliches Wohlbefinden und mein Aussehen beeinträchtigt hat. Es gefiel mir überhaupt nicht, wie ich aussah – und dadurch fühlte ich mich gleich noch weniger liebenswert. Und ich hatte auch mehr Angst, wodurch ich wiederum noch häufiger andere und mich selbst belog. Das war eine weitere nega-

tive Endlosschleife, aus der ich erst herauskam, als ich lernte, mir zu vergeben. Und ich habe es schließlich gelernt!

Ich vergebe mir, dass ich andere angelogen habe, um Liebe von ihnen zu bekommen. Ich vergebe mir, dass ich mich immer und immer wieder selbst belogen habe. Ich vergebe mir, dass ich mir nicht eher die Zeit genommen habe zu erkennen, wer ich wirklich bin, und herauszufinden, was ich wirklich will. Ich vergebe mir, dass ich Geld ausgegeben habe, das ich nicht hatte, nur um andere zu beeindrucken, dass ich mein Licht unter den Scheffel gestellt habe, um ihnen zu gefallen, und dass ich meinen eigenen Wert nicht kannte. Weil ich nicht wusste, wie wertvoll ich bin, bin ich oft achtlos mit Anteilen von mir umgegangen, mit schönen, besonderen Anteilen. Ich vergebe mir dafür. Außerdem vergebe ich mir dafür, dass ich mich durch die Meinungen anderer davon habe abhalten lassen, das zu tun, was ich wirklich wollte. Mit dieser Vergebung habe ich mir soeben die Kraft und die Fähigkeit gegeben, all dies zu tun.

Ich vergebe mir dafür, dass ich zu viel getrunken habe, denn damit habe ich ja nur meinem Ego weitere Nahrung gegeben. Ich vergebe meinem Ego dafür, dass es mich zu einem eifersüchtigen Menschen gemacht hat, der niemandem vertraute. Ich vergebe ihm dafür, dass es mich mein ganzes Leben lang in einem inneren Gefängnis gehalten hat. Ich vergebe mir selbst und allen anderen, die dazu beigetragen haben, mein Ego so stark zu machen, wie es war, für diese Vergangenheit. Ich vergebe jenen, die sich über mich lustig gemacht oder die mir als Kind ihre Liebe verweigert haben. Ich vergebe jenen, die mich verletzt, mich belogen oder negativ über mich geurteilt haben – auch wenn ich wusste, dass ich es nicht verdient habe. Ich habe erkannt, dass ich das Geschehene nicht mehr ändern kann, und ich akzeptiere, dass ich durch diese Erfahrungen viele wertvolle Lektionen gelernt habe.

Wer bin ich mit dieser Vergebung? Ich bin ein starker, liebenswerter Mensch, gewachsen in Selbstbestimmung durch die vielen wertvollen Lektionen in meinem Leben. Zu den größten gehörte, wie sehr Unehrlichkeit verletzt und zerstört und wie sehr Ehrlichkeit heilt und wieder aufbaut. Die Bibel hat recht: Die Wahrheit wird euch frei machen[2]. Ich weiß, das bedeutet nicht, dass ich alle meine Fehler bekennen soll, wenn das im Leben eines anderem Negativität auslöst. Ich akzeptiere, dass ich Vergebung in meinem eigenen Herzen finden kann. Ich weiß, dass ich die Lektionen gelernt habe und diese Erfahrungen nie mehr wiederholen werde. Sie sind vorbei, sie sind Vergangenheit.

---

2 Johannes 8, 31

Ich habe auch tiefere Erkenntnisse über mich selbst gewonnen. Ich habe entdeckt, dass ich mein ganzes Leben lang Schuldgefühle mit mir herumgeschleppt habe. Denn als Kind wollte ich geliebt werden, aber bestimmte Mitglieder meiner Familie haben mir ihre Zuneigung bisweilen verweigert. Und als ich älter wurde, habe ich mir selbst wahre, bedingungslose Liebe verweigert. An dieser Stelle packte mich das Ego, hier setzten die Schuldgefühle an. Ich schämte mich dafür, dass ich mir nicht die Zuwendung zugestand, die ich brauchte. Ich gab mich jedem x-Beliebigen hin, der mir Liebe versprach, ganz egal, welcher Art. Ich nahm sie einfach, auch wenn sie gar nicht das war, was ich wollte.

Doch heute bin ich ehrlich zu mir selbst. Ich weiß, was ich will und was ich akzeptieren kann und was nicht. Ich bin zufrieden mit mir, ich liebe mich und den Menschen, zu dem ich werde. Ich achte diesen Menschen.

Ich urteile auch nicht mehr negativ über mich, weil ich weiß, dass ich bestimmte Lektionen lernen musste. Dieses Wissen leistet mir gute Dienste auf meinem Weg zur Erfüllung meiner Lebensaufgabe.

Daher haben mir die Erlebnisse aus meiner Vergangenheit, die nicht unbedingt positiv waren, eindeutig geholfen, mein Leben zu verbessern. Weil ich diese negativen Muster nicht mehr leben muss, kann ich alles ausgewogener und wahrhaftiger erleben, deshalb beurteile ich mich auch nicht danach, wer ich war. Ich beurteile, wer ich bin und wer ich werden möchte. Ich erschaffe das in meinen Gedanken und lasse nicht mehr zu, dass negative alte Vorstellungen meine Fähigkeit, mich auf mich selbst zu konzentrieren, manipulieren oder einschränken. Ich weiß, dass ich heute ein besserer Mensch bin, weil ich die alten Muster auf diese Weise verändert habe.

Ich vergebe mir und anderen, daher kann mich die Vergangenheit jetzt in keiner Weise mehr manipulieren. Ich werde nicht mehr von Altem kontrolliert. Ich bin stärker, weil ich zu mehr fähig bin.

Mit Vergebung, das weiß ich, bin ich zur Ehrlichkeit fähig. Jetzt bin ich der Mensch, der ich schon immer sein wollte. Ich erschaffe mir ein aufrichtiges Leben, das mein Geist gut findet. Ich weiß, dass ich mir eine wunderbare Zukunft gestalten kann und mir weder Sorgen machen noch Angst haben muss, dass die Vergangenheit noch einmal wiederkommt und meine Gegenwart manipuliert.

Ich kann alles anschauen, was ich erlebt habe, und weiß, dass es vorbei ist. Ich habe es angenommen, ich verstehe es und ich habe daraus gelernt. Ich vergebe allem, was mich daran gehindert hat zu erreichen, was ich wollte – auch Gedanken, Erfahrungen und Erinnerungen. Ich vergebe mir und akzeptiere mich.

Ich liebe mich und weiß, dass ich der Liebe wert bin. Ich achte mich und weiß, dass ich der Achtung wert bin.

Wer möchte ich mit Vergebung werden? Ich möchte der Mensch werden, von dem mein Geist schon immer gewusst hat, dass ich so werden kann – jemand, der seine Seelenaufgabe erfüllen und so vielen Menschen wie nur möglich helfen kann. Ich will – und werde – mein Leben an dem ausrichten, was ich als wahr und richtig erkannt habe. Ich werde mich nur noch auf liebevolle, freundliche und ehrliche Beziehungen einlassen. Ich werde eine Führungspersönlichkeit sein und anderen zeigen, wie auch sie sich selbst und anderen vergeben können.

Ich liebe mich so sehr, dass ich meinem Körper gesunde Nahrung, Wasser, frische Luft und Bewegung zukommen lasse. Mit Vergebung möchte ich zu der Freiheit kommen, die ich mir wünsche und die ich verdiene, damit ich die Tür zur Schatzkammer des Lebens öffnen und mir ein Leben nach meinen Vorstellungen gestalten kann. Ich gönne mir einen Neuanfang und gebe mir die Chance, endlich ich selbst zu sein und die Arbeit zu tun, für die ich hierhergekommen bin. Ich bin frei, mein Leben zu leben, ohne dass die Ketten der Vergangenheit mir Angst einjagen. Ich kann mit reinem Gewissen und ruhigem Herzen nach vorne blicken.

DER VIERTE SCHLÜSSEL

FREIHEIT

Benutzen Sie den Schlüssel der Freiheit,
um die Tür zu einem selbst gestalteten
Leben zu öffnen

Heute fängt eine Zeit der Freiheit an. Ich erwähle mir den heutigen Tag zu meinem Freiheitstag und feiere ihn als den Beginn meines inneren Wachstums.

Machen Sie den heutigen Tag zu Ihrem Freiheitstag. Was ist Freiheit? Freiheit ist ein Ort in Ihrem Inneren, der sagt: *Ich werde keine negativen Muster mehr wiederholen. Ich bin fähig, für mich zu stehen, und ich falle nicht mehr in alte Gewohnheiten zurück. Was andere sagen, hat keine Bedeutung, denn es bezieht sich auf den Menschen, der ich war. Wie andere mich beurteilen, ist nicht mehr wichtig, weil ich nicht mehr jener Mensch bin. Ich habe mich innerlich verändert und bin jetzt frei von diesem alten Menschen.*

Sie haben sich wirklich verändert. Deshalb notieren Sie sich das heutige Datum. Es ist Ihr neues Geburtsdatum – das Geburtsdatum Ihres authentischen Selbst. Es ist der Anfang Ihres Schritts nach vorne. Sie haben sich dafür entschieden, die Schlüssel, die Sie in den vorangegangenen Kapiteln erworben haben, anzuwenden, um sich ein für alle Mal aus der Kontrolle des Egos zu lösen. Sie haben beschlossen, dass Sie stark sind und Ihr Ego Sie nicht mehr bekämpfen kann, weil Sie nun der Mensch werden, der Sie wirklich sind und als der Sie sich kennen. Feiern Sie heute sich selbst und die Energie, die Sie wieder in Ihr Leben bringen. Sie ist positiv und sie bedeutet Wachstum.

*Heute wurde ich in mein wahres Selbst hineinge-
boren. Durch meine Wahrheit erlange ich Selbstbestimmung.*

Feiern Sie sich für alles, was Sie bis jetzt erreicht haben.
Sie haben erkannt, wie das Ego Ihren Verstand kontrolliert
hat. Sie haben akzeptiert, wer Sie waren, wer Sie sind und
wer Sie sein können und Sie haben negative Urteile losgelassen. Sie haben gelernt, sich selbst, anderen und Ihren
früheren Erfahrungen zu vergeben. Sie haben gelernt, dass
Sie der Liebe in Ihrem Inneren würdig sind. Sie haben außerdem die wertvollen Lektionen in Ihrer Vergangenheit
entdeckt und Sie akzeptieren, dass Sie heute fähig sind, Ihr
Leben wesentlich besser und schöner zu gestalten.

*Ich bin fähig, mein perfektes Leben zu erschaffen.
Ich weiß, ich bin frei, dies zu tun.*

Jetzt ist es Zeit für die nächste Lernebene. Sie sind so weit,
den Schlüssel der Freiheit erlangen zu können. Mit ihm können Sie die Tür zu einem selbst gestalteten Leben öffnen. Mit
ihm können Sie für sich einstehen – frei von Ego, Urteilen
und alter Negativität. Und Sie können akzeptieren, dass Sie
die Schatzkammer des Lebens für sich zu öffnen und selbst
zu füllen vermögen. Jetzt, wo die Last alter Programmierun-

gen Ihr Leben nicht mehr kontrolliert und Ihren Verstand nicht mehr manipuliert, sind Sie fähig, alles zu haben und zu erschaffen, was Sie wollen. Das ist unglaublich spannend!

Ich bin frei, alles zu erschaffen, was ich will, ohne dass die Last der Vergangenheit meinen Verstand kontrolliert und manipuliert.

Nehmen Sie sich jetzt, in diesem Moment, die Zeit, nach innen zu schauen, und fragen Sie sich: Was will ich noch vom Rest dieses Lebens? Was möchten Sie haben, was erschaffen? Was sind Ihre Träume? So perfekt Sie bereits sind – welche Veränderungen möchten Sie vornehmen, um ein noch besserer, stärkerer, glücklicherer Mensch zu werden? Jetzt, da Sie die selbstbeschränkenden Gedanken unter Kontrolle haben, was wollen Sie da aus sich selbst heraus und was wollen Sie für Ihre Zukunft? Sie müssen sich so sehr lieben, dass Sie sich diese Fragen stellen und sie nach *Ihren* Wünschen beantworten, nicht nach denen Ihres Egos oder entsprechend der Ziele anderer.

Sie können alles wahrmachen, was Sie sich vornehmen. In Freiheit können Sie alles erschaffen. Erkennen Sie, was Sie wollen, und konzentrieren Sie sich darauf. Malen Sie sich aus, wie Sie alle dazu notwendigen Schritte unternehmen. Stellen Sie sich vor, dass Sie es bereits erreicht haben, und sehen Sie es vor Ihrem geistigen Auge bereits als abgeschlossen an. Zeichnen Sie dieses Bild so klar wie möglich, indem Sie Ihre Gedanken von der Kontrolle durch das Ego frei und Ihren Körper so gesund wie möglich halten. Seien Sie sich bewusst, was für ein Geschenk Sie sind und was für ein Geschenk Sie sein werden. Tun Sie es nur für sich. Niemand kontrolliert Sie. Sie sind frei, Sie selbst zu sein. Sie können wählen, was *Sie* sich für Ihr Leben wünschen.

Ich entscheide mich dafür, mein göttliches Selbst zu lieben, indem ich mir eine positive Zukunft gestalte. Ich weiß, dass ich jetzt, da ich frei bin von den selbstbeschränkenden Gedanken aus der Vergangenheit, alles verdient habe, was ich mir wünsche.

In welche Richtung gehen Sie? Wählen Sie wieder dieselben negativen Muster? Oder entscheiden Sie sich für den selbst erschaffenen Weg, wie Sie es sich immer gewünscht haben? Jetzt haben Sie die Möglichkeit, Ihr Leben zu verändern. Sie können auf einem anderen Weg in die Zukunft gehen. Damit ändert sich auch das Ziel, das Sie anstreben. Finden Sie heraus, was Sie wollen.

Meine Träume können wahr werden, wenn ich daran glaube und mir die Freiheit zugestehe, sie zu verwirklichen und zu genießen.

Wenn Sie leichter entdecken wollen, was Sie erschaffen möchten, dann versuchen Sie einmal etwas Neues und völlig anderes. Sie werden überrascht sein, was Sie alles können. Sie könnten entdecken, dass Sie Künstlerin sind. Sie haben es gar nicht gewusst, aber als Sie anfingen zu malen und zu zeichnen, wurde Ihnen klar, dass Sie Talent haben. Vielleicht sind Sie Schriftsteller. Vielleicht haben Sie es gespürt, als Sie noch klein waren, haben es dann aber verdrängt, weil Vater oder Mutter gesagt haben: »Lass das lieber bleiben. Du kannst doch überhaupt nicht schreiben.« Das ist nur eine Vorstellung des Egos. Warum sollten Sie es jetzt, da Sie ohne die Kontrolle durch das Ego leben, nicht noch einmal versuchen? Schaffen Sie etwas aus Freude, aus Liebe und als Ausdruck Ihrer selbst, das aus Ihrem authentischen Selbst, aus Ihrem Geist kommt.

Vielleicht wissen Sie bereits, was Sie wollen. Sie kennen Ihre Lebensaufgabe und möchten ihr tagtäglich dienen. Wenn Sie die dazu notwendigen Schritte einleiten, dann werden sich Ihnen alle Möglichkeiten auftun, sie zu erfüllen. Jetzt können Sie nur noch Ihre selbst erschaffenen Beschränkungen und Grenzen aufhalten. Stehen Sie sich deshalb nicht selbst im Weg.

Benutzen Sie die Schlüssel der *Selbstbestimmung* – Erkenntnis, Akzeptanz und Vergebung – um die Angst, die Beschränkungen und die Grenzen loszulassen. Benutzen Sie die Schlüssel, um sich von Ihrem Ego zu lösen, wenn es Ihnen weismachen will, es sei leichter, so zu bleiben, wie Sie sind. Es wird Ihnen raten, den Schlüssel der *unbegrenz-*

ten Möglichkeiten – den Schlüssel der Freiheit – nicht zu nutzen und nicht durch die Tür zu gehen, die zu dem Leben führt, nach dem Sie sich wirklich sehnen. Denn es sei leichter, so wird es behaupten, unehrlich, unwissend oder egozentrisch zu sein oder worunter auch immer Sie zu leiden haben.

> *Ich erkenne jetzt, was mich unglücklich macht, und ich bin frei, diese Angewohnheiten, Gedanken und Gefühle zu ändern. Ich befreie mich von dem, was war, und erschaffe das, was sein wird.*

Das Ego hat unrecht. Es ist nicht leichter, so zu bleiben, wie Sie sind, und mit dem gedanklichen Chaos und dem inneren Aufruhr zu leben. Das ist es wahrhaftig nicht. Manchmal ist sehr viel Arbeit erforderlich, bis man frei ist, aber zur Belohnung warten am Ende Freude, innerer Frieden und Glück auf Sie. Ihr Denken und Empfinden sind dann frei von Schuldgefühlen, Unehrlichkeit, Angst und Egomanipulationen. Und bis ans Ende Ihres Lebensweges wissen Sie dann, dass Sie Ihr Bestes getan haben und der Mensch geworden sind, zu dem Sie bestimmt sind. Das ist ein beträchtlicher Lohn und sehr wohl der Mühe wert.

Lassen Sie nicht mehr zu, dass Ihr Ego Sie kontrolliert. Wenn doch, fällt es Ihnen wahrscheinlich schwerer, die Chancen, die sich Ihnen bieten, zu erkennen und zu ergreifen. Übergeben Sie stattdessen das Ruder Ihrem Geist. Geben Sie Ihrem Geist – Ihrem wahren Selbst – die Freiheit, Sie zu lenken, und alles wird möglich. Dann sind Sie frei. Nichts hält Sie auf.

> *Meine Vergangenheit ist ein Ort, an dem ich einst war. Meine Gegenwart ist ein Ort, den ich mir erschaffe. Ich kontrolliere das Heute und das Morgen.*

Der Ort, an dem Sie beginnen können, den Menschen und das Leben zu erschaffen, das Sie sich wünschen, ist das Jetzt. In Wirklichkeit ist dieser Moment der *einzige*, der existiert. Sie sind im *Hier und Jetzt*; wir alle sind im Hier und Jetzt. Morgen werden Sie auch wieder hier sein, ebenso übermorgen und überübermorgen. Auf der Grundlage der Entscheidungen, die Sie in diesem Moment treffen, können Sie Ihr nächstes *Hier und Jetzt* selbst gestalten. Wenn Sie heute eine schlechte Wahl treffen und sich für einen negativen Weg oder eine negative Lektion entscheiden, dann erschaffen Sie damit auch ein negatives Morgen. Wenn Sie eine positive Wahl treffen und in Liebe, Licht und Wahrheit leben wollen, dann wird Ihr nächstes Hier und Jetzt besser werden – nicht nur für Sie selbst, sondern auch für alle in Ihrer Umgebung.

Wenn Sie sich weiterentwickeln und das Leben erschaffen, das Sie sich wünschen, dann werden alle Menschen, die in Ihrem Leben eine Rolle spielen, daraus ebenfalls etwas lernen, denn wir alle erlangen Weisheit voneinander. Leben Sie in Aufrichtigkeit, und Ihr Umfeld wird daran wachsen. Leben Sie selbstbestimmt, und Ihr Umfeld wird auch das lernen. Die anderen leben im selben Moment wie Sie, und das führt dazu, dass auch für sie ein besseres Morgen entsteht.

Ich erschaffe meine Zukunft indem ich heute glücklich, furchtlos und frei lebe. Ich lebe jetzt.

Dieser Moment ist der, der zählt. Heute ist der einzige Tag, an dem Sie die Entscheidungen treffen können, die Ihr Morgen gestalten. Jetzt ist die Zeit, die beste Wahl zu treffen, das Beste dafür zu tun, dass Ihre Zukunft genau so wird, wie Sie es möchten. Und wenn dann das Morgen zum Heute wird, haben Sie etwas erschaffen, mit dem Sie sich wirklich wohlfühlen – stark, glücklich und zufrieden. Die Fähigkeit dazu haben Sie in sich.

Sie sind frei, Ihre Gedanken selbst zu wählen

Freiheit ist ein Ort, den ich in meinem Verstand und in meinem Herzen erschaffe, bevor ich andere daran teilhaben lasse.

Sie haben die Freiheit zu denken, dass Sie alles schaffen können, was Sie sich in Ihrem Leben wünschen. Sie haben die Freiheit zu glauben, dass Sie ein guter Geist sind, ein guter Freund oder Nachbar. Sie wissen, wer Sie sind und dass Ihre Überzeugungen richtig sind. Sie sind frei zu glauben, dass Ihre Wahrheit genauso viel wert ist wie die anderer. Davon abgesehen sollen Sie wissen, dass Sie das erschaffen, was Sie denken.

Stellen Sie sich zum Beispiel einmal vor, was für einen Tag Sie erschaffen, wenn Sie beim Aufwachen denken: *Oh nein, heute will ich am liebsten gar nicht erst aufstehen. Ich bin viel zu müde. Ich möchte einfach im Bett bleiben und weiterschlafen. Ich kuschele mich noch ein halbes Stündchen ein und stehe dann auf.* Und wenn Sie dann endlich aus dem Bett kriechen, dann sagen Sie: »Ich will liegen bleiben. Ich hasse meinen dämlichen Job. Ich sehe scheußlich aus.« Damit erschaffen Sie einen negativen Tag mit niedergeschlagener Stimmung.

Doch wie viele Menschen wachen jeden Morgen auf und lassen zu, dass solche negativen Gedanken ihr Denken beherrschen? Viel zu viele! Sie leben mit dieser Einstellung, weil sie glauben, dass es in ihrem Leben nichts gibt, wofür es sich aufzustehen lohnt. Sie leben lieber immer noch im selben negativen Muster. Sie leben nicht in Freiheit. Sie unternehmen keine Schritte, um der Mensch zu werden, der sie sein wollen, und sich ein Leben nach ihrer Wahl zu gestalten.

Meinen Verstand kontrolliere ich! Ich bin jetzt frei vom Ego und gebe mir nur positive Gedanken und positive Kontrolle.

Sie können eine positive Einstellung wählen. Sie können aufwachen und denken: *Ich bin nicht zufrieden mit meiner Arbeit und dem Übergewicht, das mir gesundheitlich zu schaffen macht. Das weiß ich. Und ich weiß auch, dass ich noch in diesem Augenblick die notwendigen Schritte unternehmen kann, um ein besseres Morgen zu erschaffen. Die Zukunft wird schon bald Gegenwart sein, deshalb unternehme ich diese Schritte auf der Stelle. Ich werde tun, was ich tun muss, damit morgen ein positiver und glücklicher Tag wird. Ich werde nicht zulassen, dass negative Gedanken und Gefühle mich kontrollieren. Ich wähle meine Gedanken selbst. Ich weiß, was ich will und was meine Lebensaufgabe ist – und ich werde sie erfüllen.*

Was meinen Sie, welche Erfahrungen erschaffen Sie mit diesen positiven Gedanken? Genau das, was Sie sich vorgestellt haben – einen besseren Tag. Sie werden stärker sein, selbstbestimmter und frei, ihren selbst gewählten Weg zu gehen.

Sie haben die Wahl, ob Sie positive oder negative Gedanken denken wollen, ob sie vom Ego oder von Ihrem höheren Selbst kontrolliert werden. Wenn Sie wissen, dass Sie jeden einzelnen Tag mit Ihren Gedanken erschaffen, warum sollten Sie dann nicht Gedanken wählen, die Ihnen dienen? Es ist mit das Beste, was Sie für sich tun können, wenn Sie Gedanken hegen, durch die Sie alles erschaffen können, was Sie brauchen, um sich und Ihrer Lebensaufgabe zu dienen.

Beginnen Sie heute damit, jeden Ihrer Schritte für morgen vorzubereiten. Halten Sie sich Ihr Ziel vor Augen und konzentrieren Sie sich auf das, was Sie wollen. Entscheiden Sie sich dafür, daran zu glauben, dass Sie das gewünschte Ergebnis herbeiführen können. Bestärken Sie sich darin, dass Sie alles, was Sie wollen, erreichen und Ihre Lebensaufgabe erfüllen können.

Sie sind frei zu sein, wer Sie sein wollen, und zu werden, wer Sie werden wollen

Ich wähle jetzt meinen künftigen Weg auf der Grundlage der Erkenntnis, Akzeptanz und Vergebung meines wahren Selbst ohne Ego. Ich bin frei,

meine Möglichkeiten ganz ohne Ängste zu erkun-
den. Ich erschaffe meine Zukunft mit Hochachtung
vor meinen Entscheidungen.

Sie haben Freiheit, ganz egal, wo Sie heute stehen. Vielleicht betrachten Sie gerade Ihr Leben und sind gar nicht glücklich darüber, was aus Ihnen geworden ist. Sie wissen, dass Ihre Mutter Alkoholikerin war und dass Sie es jetzt auch sind. Oder Sie wissen, dass Ihr Vater ein Rassist war und dass Sie es heute auch sind. Wenn Sie nicht so sein wollen, wenn Sie sich ein besseres Leben wünschen, dann sind Sie frei, sich zu verändern. Machen Sie sich dieses Privileg zu eigen, indem Sie die ersten drei Schlüssel der Selbstbestimmung nutzen und so die Kraft zur Veränderung erhalten.

Nutzen Sie den Schlüssel der Erkenntnis, um sich vom Ego zu lösen – und befähigen Sie sich damit selbst, dieses Muster zu brechen und der Mensch zu werden, der Sie sein möchten. Nutzen Sie den Schlüssel der Akzeptanz, um sich von negativen Urteilen über sich selbst und andere zu lösen – und zu akzeptieren, wer Sie waren, wer Sie sind und wer Sie werden können. Nutzen Sie den Schlüssel der Vergebung, um sich Ihre Vergangenheit zu vergeben und Ihren Verstand wissen zu lassen, dass Sie wirklich zu einem Neuanfang fähig sind. Sie haben es verdient.

Kontrollieren Sie Ihren Verstand selbst. Erkennen Sie, dass das, was Sie tun, weder Ihnen selbst noch anderen dient und dass es auch nicht das ist, was Sie wirklich wollen. Realisieren Sie, dass das, was Sie tun, Ihnen in keinster Weise das gibt, was Sie brauchen, um Ihre künftige Lebensaufgabe zu erfüllen. Es ist Selbst-Sabotage. Sagen Sie sich: *Nein – das ist ein für alle Mal aus und vorbei. Ich kann es besser.* Lassen Sie Ihren Verstand wissen, dass Sie alles sein können, was Sie wollen, und dass Sie die negativen Muster, die das Ego geschaffen hat, nicht wiederholen müssen. Akzeptieren Sie, dass Sie die Lektion gelernt haben, und vergeben Sie sich!

> *Ich weiß, dass ich heute meine Selbstbestimmung akzeptieren möchte. Ich vergebe den Gedankengängen, durch die ich sie bisher blockiert habe. Ich nutze meine Fähigkeit zur Vergebung, um Freiheit zu erschaffen. Morgen habe ich das erreicht. Dafür habe ich mich heute entschieden.*

Alle, die sich vergeben und nicht länger negativ darüber urteilen, wie sie waren, können zu dem Menschen werden, der sie werden wollen. Wenn Sie Erkenntnis, Akzeptanz und Vergebung für sich erlangen, dann können Sie auch Freiheit erreichen.

> *Ich bin frei, mich in der Welt umzusehen und den Ort zu finden, an dem ich mich zu Hause fühle. Ich*

erschaffe mein Zuhause aus meiner inneren Freiheit heraus.

Wenn Sie jetzt nicht da sind, wo Sie hin wollen, dann durchbrechen Sie die negativen Muster und Vorstellungen, die Ihnen sagen, dass es bei Ihnen zu mehr nicht reicht. Sie können es besser. Stellen Sie sich einmal vor, Ihr Großvater hätte Gräben ausgehoben, Ihr Vater Gräber und nun graben Sie sich selbst eine Grube. Wenn Sie mehr vom Leben wollen, dann lassen Sie die Überzeugung los, dass Sie nicht mehr tun können. Graben Sie sich nicht länger eine Grube, sondern graben Sie sich aus. Schütten Sie den Abgrund der Vergangenheit zu und beerdigen Sie sie hinter sich. Stellen Sie sich obenauf, befähigen Sie sich zur Veränderung und kehren Sie nie wieder hierher zurück. Folgen Sie von nun an Ihrem Geist.

Ich folge meinem wahren Geist ohne die Angst, die mein Ego erzeugt. Für den Rest meines Lebens bin ich seine Kontrolle los. Ich werde immer selbst über mich bestimmen und daher frei sein.

Wenn Sie Ihrem Geist folgen, dann wird Ihr Ego immer wieder versuchen, die Oberhand zu gewinnen. Es ist, als sagte es: *Mich gibt es immer noch, und du wirst jetzt auf mich hören. Wie kannst du es wagen, mich kontrollieren zu wollen?! Dein ganzes Leben lang hatte ich die Oberhand und ich weiß, was ich tun muss, damit dir angst und bange wird. Ich weiß, wenn es dir schlecht geht, wenn du dich nicht wirklich voll akzeptierst und wenn du einen urteilenden Gedanken fasst. Das sind meine Türen, durch die ich mich wieder einschleiche und mir die Macht zurückhole.*

Lassen Sie nicht zu, dass Ihr Ego Sie besiegt oder von der wahren Konzentration auf Sie selbst und das, was Sie gerade lernen, abbringt. Wenn Sie spüren, dass Ihr Ego wieder an Macht gewinnt, dann denken Sie daran, dass Sie die Schlüssel in der Hand halten. Nutzen Sie sie, damit Ihr Geist – Ihr wahres Selbst – wieder die Kontrolle übernehmen kann. Nutzen Sie sie, um das Ego auszuschließen und erneut die Tür zu wahrer Freiheit zu öffnen. Tun Sie den Schritt in diese Freiheit und in das Leben, das Sie sich wünschen.

In meiner Vision von meiner Zukunft sehe ich unbegrenzte Möglichkeiten.

Konzentrieren Sie sich auf das, was Sie erschaffen wollen, und stellen Sie sich das Ergebnis vor, bevor es eintritt. Sehen Sie die Schritte vor sich, die Sie dorthin bringen und gehen Sie sie, einen nach dem anderen. Sie wissen, wohin Sie wollen, also konzentrieren Sie sich darauf und lassen Sie sich nicht mehr von Ihrem Ego kontrollieren.

Wenn Sie Geschäftsführer eines Unternehmens sein wollen und nicht Angestellter, dann können Sie das. Sagen Sie sich: *Ich bin klug, ich bin stark und ich werde es schaffen. Ich werde die notwendigen Schritte dazu unternehmen.* Wenn Sie Muscheltaucher sind und erkennen, dass Sie nicht nach Muscheln tauchen, sondern stattdessen Bilder auf die Muschelschalen malen wollen, dann tun Sie es. Akzeptieren Sie, wer Sie waren, vergeben Sie sich dafür, dass Sie sich nicht früher erkannt haben, und leben Sie Ihr Leben so, wie Sie es möchten.

Sie sind frei, in Ehrlichkeit zu leben

Ich lebe frei nach meiner eigenen Vorstellung und weiß, dass ich dabei aufrichtig bin. Ich lebe frei und wahrhaftig, um das selbstbestimmte, fähige Wesen zu werden, das ich werden möchte und das ich sein kann.

Einer der größten Schritte in die Freiheit ist vollkommene Ehrlichkeit – zu sich selbst und zu anderen. Gestehen Sie sich offen zu, was Sie wollen und was Sie mögen. Vielleicht können Sie ehrlich sagen, dass Sie dunkle Schokolade mögen und gerne schwimmen, dass es Ihnen wehtut, wenn andere in Armut leben müssen, oder dass Sie die

Welt lieben, in der Sie leben, weil Sie sie ein wenig besser machen.

Es ist entscheidend wichtig, ehrlich zu sich selbst zu sein. Wenn Sie völlig frei leben möchten, dann müssen Sie wissen, was Sie wirklich wollen. Stellen Sie sich zum Beispiel einmal vor, Sie möchten eine bessere Arbeitsstelle. Seien Sie ehrlich: Liegt es daran, dass Sie sich mit einer anderen Arbeit attraktiver fühlen würden? Geben Sie nicht vor, etwas zu sein, von dem Sie wissen, dass Sie es eigentlich gar nicht sein wollen. Seien Sie immer aufrichtig zu sich selbst, dann sind Sie vollkommen frei. Sie können alles erschaffen, was Sie wollen – achten Sie nur darauf, dass es wirklich Ihrem Wunsch entspricht.

Was wünschen Sie sich ehrlich und aufrichtig für Ihr Leben? Jetzt, in diesem Moment. Möchten Sie in einem Haus wohnen, das Millionen wert ist? Möchten Sie ein kleines, schlichtes Zuhause haben? In beiden Fällen gilt: Wenn es das ist, wonach Ihr *Geist* sich sehnt, wenn es von Liebe umgeben und frei von Urteilen und vom Ego ist, dann können Sie es erschaffen.

Leben Sie Ihr Ich. Die Wahrheit ist Ihr Geburtsrecht. Finden Sie Ihre Wahrheit und schöpfen Sie daraus Kraft für sich selbst. Sie sind frei, sich auf Ihren wahren Weg, Ihr wahres Selbst und ihre innere Wahrheit zu konzentrieren.

Sie können jedes Ziel *Ihrer* Wahl erschaffen, also in die Realität umsetzen, wenn Sie sich positiv darauf konzentrieren und die notwendigen Schritte einleiten, um es zu erreichen. Möchten Sie die beste Geistheilerin der Welt werden? Sie können das schaffen, wenn Sie die dazu notwendigen Schritte unternehmen und so lange weitermachen, bis Sie es erreicht haben – aber achten Sie darauf, es *für sich* zu tun. Möchte Ihr Geist, dass Sie eine Fernseh-Talkshow moderieren? Wenn dieser Wunsch nicht auf Ihrem Ego beruht, sondern Ihr Geist Sie dazu treibt, weil Sie diese Position brauchen, um Ihre Lebensaufgabe zu erfüllen, dann legen Sie los – verwirklichen Sie Ihr Ziel. Sie können alles erreichen, was Sie sich wünschen.

Seien Sie ehrlich zu sich selbst und außerdem offen zu anderen. Sie sind frei, Ihre Wahrheit auszusprechen. Vielleicht stehen Sie eines Tages einer Frau gegenüber, die gar nicht mehr aufhören kann zu erzählen, wie erfolgreich sie ist. Wenn sie dann fragt, ob auch Sie sie als erfolgreich betrachten, dann ist es völlig in Ordnung, wenn Sie ihr Ihre Wahrheit sagen. Wenn Sie den Eindruck haben, dass sie gar nicht so erfolgreich ist, weil sie sich immer wieder auf belastende Beziehungen einlässt, dann ist es richtig, wenn Sie sagen: »Finanziell bist du anscheinend erfolgreich, emotional scheint mir das aber nicht so.« Es ist gut, so etwas zu sagen, denn wenn Sie Ihre Wahrheit aussprechen, dann lernt auch Ihr Gegenüber etwas. Es könnte zu einem Gespräch führen, das dem anderen Menschen hilft, innerlich zu wachsen.

Ich lebe in Ehrlichkeit und lasse mich von ihr leiten.

Wir meinen damit nicht, dass Sie grob sein und andere unverblümt angreifen oder beleidigen sollen. Tun Sie das nicht. Wenn Sie jedoch um Ihre Meinung gebeten werden, dann seien Sie ehrlich. Nehmen wir einmal an, jemand fragt Sie, ob Sie glauben, er habe ein Alkoholproblem. Wenn Sie dieser Meinung sind, dann könnten Sie sagen: »Ja, davon bin ich tatsächlich überzeugt. Und ich glaube, es wäre besser für Sie, wenn Sie das in den Griff bekämen.« Warum sollten Sie nicht ehrlich sein? Diese Eigenschaft haben wir heute fast verloren. Fast ist es, als herrsche geradezu eine von Angst getriebene Wahrheitsphobie. Manchmal lügen Sie vielleicht, um akzeptiert zu werden. Doch es kommt wesentlich Besseres dabei heraus, wenn Sie ehrlich sind, denn dann tragen Sie am Ende keine Schuldgefühle wegen Unehrlichkeit mit sich herum. Seien Sie ehrlich mit sich selbst und sprechen Sie Ihre Wahrheit aus – bleiben Sie in der Freiheit.

Sie sind frei, stolz auf sich zu sein

*Ich bin stolz darauf, wer ich bin, wer ich war und
wer ich werde. Ich habe in jeder Hinsicht Selbstbestimmung verdient. Ich bin stolz auf mein wahres
Selbst.*

Wenn Sie die Freiheit erst einmal gefunden haben und sie
tatsächlich erleben, fühlen Sie sich absolut euphorisch,
weil jetzt alles möglich ist. Dies ist nicht bloß ein Gedanke,
sondern ein tief empfundenes Gefühl. Sie können in den
Spiegel schauen und sich sagen: *Toll! Gut gemacht! Ich bin
stolz auf dich, dass du nicht an all dem Negativen festgehal-
ten hast. Ich bin stolz auf dich, dass du so viel Selbsterkenntnis besitzt und die notwendigen Schritte unternommen hast,
damit du werden konntest, wer du jetzt bist.* Es ist gut, stolz
auf sich zu sein. Seien Sie stolz auf das Leben, das Sie sich
erschaffen haben, und darauf, ein so liebevoller, ehrlicher
und authentischer Mensch zu sein. Dies ist ein positiver,
gesunder Stolz.

Es gibt jedoch auch einen negativen Aspekt des Stolzes:
den vom Ego getriebenen Stolz. Das fühlt sich dann so an:
*Ich bin stolz und bilde mir etwas darauf ein. So bin ich eben,
und ihr müsst das akzeptieren.* Ein solcher Stolz kann verhindern, dass Sie die Freiheit finden, die Sie sich wünschen.
Er kann verhindern, dass Sie sich selbst vergeben und Ih-

ren authentischen Geist entdecken. Und er verhindert eindeutig, dass Sie akzeptieren können, wer Sie sind.

Ich bin stolz, und mich treibt ein positiver Stolz.
Ich akzeptiere mein wahres Selbst.

Wenn Sie zwischen positivem und negativem Stolz unterscheiden wollen, dann fragen Sie sich: *Ist er aus Angst oder aus Liebe entstanden?* Liebe wird durch den Geist erzeugt, Angst hingegen vom Ego gesteuert. Nehmen wir zum Beispiel einmal an, Sie sind heute stolz auf sich, weil Sie in Ihrem Leben wirklich etwas verändert haben. Sie erkennen, dass dieses Gefühl auf dem beruht, was Sie über sich denken. Es hängt nicht davon ab, ob jemand anderer das, was Sie getan haben, für wichtig oder unwichtig hält. Ihr Empfinden rührt von dem her, was Sie über das Erreichte denken und wie Sie es empfinden. Das ist Selbstliebe.

Positiver Stolz kennt auch keine Vergleiche, negativer Stolz hingegen schon. Egogesteuerte Arroganz denkt: *Ich bin besser als du, weil ich das und das erreicht habe. Ich bin erfolgreicher und schlauer als du.* Das ist angstgesteuert. Die Gefahr dabei ist, dass Ihnen das Ego eines Tages, wenn Sie sich gerade einmal wieder mit anderen vergleichen, deutlich machen wird, dass Sie nicht die Beste sind. Dann sagt es: *Hallo, weißt du was? Du bist gar nicht so toll. Sieh mal die da – die ist besser. Und er – er ist mehr als du je sein wirst.* Dann verwandelt sich Ihr Stolz in Neid, Missgunst und ein ganzes Sortiment anderer negativer Gefühle. Ihr Ego hat die volle Kontrolle.

Manchmal geht es in dem Vergleich gar nicht um Sie und einen anderen Menschen – dann stehen Sie gegen sich selbst. Nehmen wir zum Beispiel einmal an, jemand sagt Ihnen: »Sie sind einfach großartig in Ihrem Fach.« Der Stolz bemächtigt sich dieser Worte und Sie werden aufgeblasen. Wenn dann nächstes Mal jemand sagt: »Nun ja, Sie sind ganz gut«, dann empfinden Sie das aufgrund Ihres Stolzes als Beleidigung und sind verletzt. Dann schleicht sich das Ego wieder ans Ruder mit Gedanken wie: *Diesen Menschen mag ich überhaupt nicht. Auf seine Meinung gebe ich nichts. Er lügt sowieso.* Aber vielleicht war er ja ehrlich. Möglicherweise waren Sie an dem Tag nicht ganz so großartig, wie Sie geglaubt haben oder wie Sie beim ersten Mal waren. Vielleicht sollen Sie ja aus dieser Bemerkung etwas lernen, das Ihnen hilft, in Ihrem Fach sogar noch besser zu werden.

Ich werde nicht zulassen, dass mein Ego meine Fähigkeit kontrolliert, stolz auf mein wahres Selbst zu sein.

Stattdessen kommt nun das Ego dazwischen und verhindert, dass Sie diese Lektion lernen. Mehr noch, Ihr Ego sagt

Ihnen: *Er hat recht. Du bist nicht besonders gut. Eigentlich bist du sogar ziemlich schlecht in deinem Fach.* Selbstzweifel beschleichen Sie. Sie werden etwas ängstlicher und nervöser. Sie fühlen sich nicht mehr so fähig. Das ist ein Teufelskreis. Durchbrechen Sie dieses Muster und sagen Sie sich: *Ich will nicht unter egogetriebenem Stolz und egoerzeugter Angst leben und brauche das auch gar nicht. Ich bin frei, mein wahres Ich zu leben, und das genügt.*

Haben Sie keine Angst, dass Sie nie mehr Erfolg haben werden, wenn Sie solche Gedanken loslassen. Ganz im Gegenteil! Für Menschen, die sich aus der Kontrolle egogetriebenen Stolzes befreien können, gibt es keine Grenzen mehr. Sie können es in jedem Bereich bis an die Spitze schaffen. Sie können auf dieser Welt alles erreichen, indem Sie einfach Sie selbst sind. Sie durchbrechen die Teufelskreise, Sie durchbrechen die Muster und Sie befreien sich von allen Einschränkungen. Benutzen Sie die Schlüssel der Erkenntnis, der Akzeptanz und der Vergebung, um den egogetriebenen Stolz loszulassen und wieder zur Freiheit zu gelangen, damit Sie sich wieder auf den rechten Weg bringen können.

Sie sind frei, Ihr Ego zu kontrollieren

Jetzt bin ich fähig, alles zu erschaffen, was ich brauche. Ich bin frei von der Kontrolle durch das Ego und kann Glück, Liebe und Fülle erzeugen.

Sie wissen, dass Sie alles tun, alles sein und alles erschaffen können. Sie sind frei. Um in Freiheit zu bleiben, müssen Sie wachsam sein und auf der Hut vor den Gelegenheiten, bei denen das Ego die Kontrolle zurückgewinnen möchte. Eine solche Gelegenheit tritt ein, wenn Sie davon beeindruckt sind, was Sie bisher erreicht haben. Dann stellt sich Ihr Ego vor Ihre Errungenschaften und sagt: *Pah! Gar nichts hast du erreicht. Versagt hast du. Du bist einfach zu nichts nütze. Du kannst noch nicht einmal vernünftig denken. Wie kannst du es wagen, etwas werden zu wollen, von dem ich doch genau weiß, dass du das nie und nimmer schaffen wirst?*

Glauben Sie ihm diese Gedanken nicht. Denken Sie daran: Es ist nur eine Vorstellung, die in Ihrer Vergangenheit erzeugt wurde, weiter nichts. Lassen Sie sich davon nicht von der Freiheit abbringen. Akzeptieren Sie, dass Sie fähig sind, alles zu erschaffen, was Sie wollen.

Ihr Ego wird versuchen, Sie auf sehr offenkundige Weise zu kontrollieren. Manchmal wird es allerdings auch sehr subtil vorgehen. Nehmen wir zum Beispiel einmal an, Sie haben sich freiwillig gemeldet, um den im Ausland stationierten Truppen ein Geschenk zu überbringen. Ihr Geist freut sich und möchte es gerne tun, aber Ihr Ego beansprucht das Verdienst für sich und flötet: *Na klar, hilf den Soldaten. Dann halten dich alle für einen Helden.* So nimmt es die Freude des Geistes fort und ersetzt sie durch egogetriebenen Stolz. Doch Hilfe für andere sollte ohne das Ego erfolgen. Lassen Sie nicht zu, dass es ein Handeln manipuliert, das aus Ihrem Geist entstanden ist. Ermöglichen Sie stattdessen Ihrem Geist, wieder die Kontrolle zu übernehmen. Halten Sie sich dazu vor Augen, dass Sie dies für andere tun, nicht für sich selbst.

Wenn das Ego versucht, die Kontrolle an sich zu reißen, dann erinnere ich mich an die Schritte, durch die ich wieder zu meiner wahren Freiheit gelange.

Nutzen Sie die Schlüssel, um sich von Ihrem Ego zu lösen, und kehren Sie es um. Seien Sie dankbar, dass Sie erleben können, wie Sie Ihre Lebensaufgabe als freigebiger Mensch erfüllen. Denken Sie daran: Es ist *Ihr* Leben und Sie sind frei, es authentisch zu leben. Denken Sie auch daran, dass dies ein positives Ereignis ist. So kann das Ego es nicht ins Gegenteil verkehren und negativ betrachten. Dann sind Sie offen für positive Erfahrungen und lassen zu, dass diese in Ihr Leben treten – ohne Groll, Reue, Schuldgefühle oder Angst. Tief in Ihrem Herzen wissen Sie, dass dies Chancen sind, die Sie brauchen. Sie projizieren Ihre Bedürfnisse einfach nur und ziehen damit die entsprechenden Situationen an. Diese sind dann positiv, glücklich und liebevoll und enthalten genau das, was Sie lernen wollen.

Wir möchten Ihnen noch eine weitere Möglichkeit zeigen, wie das Ego versuchen kann, Sie aufzuhalten. Nehmen wir einmal an, Sie haben sich entschlossen, Jura zu studieren. Die ersten Prüfungen bestehen Sie gerade so. Jetzt könnte das Ego versuchen, die Kontrolle über Sie zu gewinnen und Sie dazu zu bringen, an Ihren Erfolgsaussichten zu zweifeln. Es wird Ihnen weismachen wollen, dass der Weg später nur noch steiniger werden wird. Und Sie werden sich fragen, ob Sie Ihr Ziel tatsächlich erreichen können. Ihnen fällt wieder ein, dass auch andere gesagt haben, Sie würden das nie schaffen. Und als Nächstes sind Sie wieder genau dort, wo Sie am Ausgangspunkt Ihrer inneren Reise waren.

Wenn das geschieht, dann gehen Sie den inneren Weg noch einmal. Überprüfen Sie die Gedanken und verändern Sie ihre Muster. Werden Sie das negative Ego los, dann erreichen Sie Ihr Ziel, denn Sie können absolut alles schaffen, was Sie wollen. Alle Einzelheiten – auf emotionaler, körperlicher, spiritueller und psychischer Ebene – können Sie wahr werden lassen.

Ich weiß, was ich will, und ich habe mich dazu befähigt, alles zu erschaffen, was ich brauche, um frei zu sein.

Gleich noch ein Beispiel: Nehmen wir einmal an, Sie sehnen sich nach jemandem, mit dem Sie eine Beziehung führen können, die auf Liebe und gegenseitigem Vertrauen gründet. Sie sind frisch geschieden und übergewichtig. Sie haben sechs Kinder und Sie ertappen sich ständig bei dem Gedanken, dass Sie wohl den Rest Ihres Lebens allein sein werden. Aus Angst, was die anderen denken könnten, weichen Sie jedes Mal aus, wenn Sie jemandem begegnen. Sie befürchten, der andere könnte Sie nur als geschieden, dick und Mutter von sechs Kindern ansehen. Das liegt daran, dass das Ego Sie dazu bringt, sich selbst so zu sehen. Wenn Sie sich nun von aller Welt abwenden, dann hat Ihr Ego Sie und Ihren Wunsch nach einem Partner besiegt.

Sie sind frei, Ihr Ego zu kontrollieren. Lösen Sie sich von diesen Gedanken und drehen Sie sie um. Es entspricht ja vielleicht durchaus den Tatsachen, dass Sie geschieden sind, sechs Kinder haben und mehr wiegen, als Ihnen lieb ist. Das ist in Ordnung. Deshalb können Sie doch immer noch an sich glauben. Sie können trotzdem akzeptieren, dass Ihre Kinder großartig sind und jeder sich glücklich schätzen kann, der solche Kinder hat. Und machen Sie sich klar, dass auch Sie selbst eine unglaubliche Frau sind.

Ich bin nicht mehr einverstanden mit den Vorstellungen, die alle anderen von mir haben. Ich kann dafür sorgen, dass ich mich anders fühle, und in diesem Gefühl unbeschwert leben. Ich bin frei, ich selbst zu sein.

Wenn Sie so denken, dann beginnen Sie vielleicht sogar ein Gespräch, wenn jemand Sie anschaut. Dann entdecken Sie vielleicht, dass der Mann, mit dem Sie sich gerade unterhalten, Kinder mag und schon immer eine große Familie haben wollte, aber selbst keine Kinder haben kann. Jetzt haben Sie genau das erschaffen, was Ihrem Herzenswunsch entspricht. Sie haben es angezogen, weil Sie wissen, was für Sie das Richtige ist. Sie sind nicht negativ. Sie bestrafen sich nicht selbst und zerstören Ihre Zukunftschancen nicht. Sie sind frei, alles zu erschaffen, was Sie wollen. Entdecken Sie, was das ist, kontrollieren Sie das Ego und schauen Sie zu, wie sich Ihr Leben auf wunderbare Weise entfaltet.

> *Mein Weg liegt jetzt klar vor mir: Ich sehe einer rosigen und gesunden Zukunft entgegen. Ich erschaffe sie aus einer Haltung der Wahrheit, der Liebe und der Freiheit heraus.*

Selbstreflexion: Was möchte ich jetzt in meinem Leben erschaffen?

> *Heute weiß ich um die Freiheit meines Geistes. Ich bin frei von Angst. Ich kenne meine Wahrheit. Ich akzeptiere meine Identität. Mir wurde vergeben,*

und ich habe alles vergeben. Ich bin frei, mich selbst
zu lieben, meine Wahrheit auszusprechen und meine
Zukunft zu gestalten.

Der Schlüssel der Freiheit gehört jetzt Ihnen. Sie haben gelernt, dass Sie frei sind, Ihre Gedanken zu verändern, zu sein, wer Sie sein wollen, und zu werden, wer Sie werden wollen. Sie haben entdeckt, dass Sie die Freiheit haben, ehrlich und aufrichtig zu leben, stolz auf sich selbst zu sein und Ihr Ego zu kontrollieren.

Es ist an der Zeit, über das neu Gelernte zu reflektieren, damit Sie diesen vierten Schlüssel nutzen können, um die Tür zu einem völlig selbstbestimmten Leben zu öffnen. Schauen Sie in diesem letzten Brief – dem Brief der Freiheit – nach innen, um sich klarer zu werden, was Sie jetzt erschaffen wollen – jetzt, da Sie wissen, wer Sie ohne die Kontrolle durch das Ego sind, da Sie sich selbst und andere akzeptieren sowie sich selbst und anderen vergeben haben.

Beginnen Sie diesen Brief mit folgender Absichtserklärung:

Mit diesem Brief verbinde ich die Absicht, mir meiner Freiheit bewusster zu werden, jetzt, da ich ohne Ego, Verurteilungen und Negativität aus der Vergangenheit lebe.

Schreiben Sie mit dieser Absicht vor Augen Ihre Antworten auf folgende drei Fragen nieder:

- Wer bin ich jetzt, da ich frei vom Ego, von negativen Urteilen und den Ketten der Vergangenheit bin?
- So vollkommen ich bereits bin, inwiefern will ich mich ändern, um noch besser zu werden?
- Jetzt, da die selbstbeschränkenden Gedanken mein Leben nicht mehr bestimmen, was wünsche ich mir für mich selbst und für meine Zukunft?

Sie werden bemerken, dass dieser letzte Beispielbrief wesentlich kürzer ist als die drei vorangegangenen. Das heißt nicht, dass Ihr Freiheitsbrief kurz sein muss. Jede Selbstreflexion, die Sie verfassen, kann immer genau die Länge haben, die Sie brauchen, um sich auszudrücken. Es gibt keine vorgegebene Seitenzahl.

Muster für einen Brief der Freiheit

Liebes Selbst,
mit diesem Brief verbinde ich die Absicht, mir meiner Freiheit bewusster zu werden, jetzt, da ich ohne Ego, Verurteilungen und Negativität aus der Vergangenheit lebe.

Jetzt zeigt sich mein wahres Selbst, denn ich bin nicht mehr versteckt. Ich lebe ohne Angst vor meinem eigenen inneren Dialog. Ich bin frei von den selbstbe-

schränkenden Gedanken, durch die ich so kontrolliert und ängstlich war und voller Schuldgefühle steckte. Ich bin frei, zu wissen, wer ich bin, und ich liebe diesen Menschen. Was mir früher vermittelt wurde, bestimmt nun nicht mehr jeden Schritt, den ich gehe. Jetzt, da ich frei bin, kann ich auch andere besser verstehen und akzeptieren und bedingungslos lieben.

Mein Leben hat eine Richtung und ich habe keine Angst davor, wohin ich gehe. Ich bin stolz auf den Weg, auf dem ich mich befinde. Befreit von alten Ängsten, Schuldgefühlen und Sorgen, kann ich nun eine Zukunft der Fülle, des Friedens und der Liebe erschaffen. Ich bin so dankbar dafür, dass ich diese Lebensreise ohne die Kontrolle durch das Ego erleben kann.

Jetzt, da ich beschlossen habe, mich zu befreien und nach vorne zu blicken, erkenne ich, dass ich mich um so viele Menschen kümmern möchte, wie ich nur kann. Ich möchte ihnen helfen, selbst frei zu werden und ihre Hindernisse zu überwinden. Ich möchte allen Menschen auf der Welt die Möglichkeit geben, diese Lektionen in sich aufzunehmen und zu verstehen, was sie daraus gelernt haben, damit sie Seite an Seite mit mir wachsen und noch mehr lernen können, ohne dass das Ego uns manipuliert.

Ich habe schon immer geglaubt, dass ich eine gute Lehrerin und eine wunderbare Heilerin bin. Jetzt führe ich das Leben meiner Träume. Mein Ziel ist, Ärztin zu werden und ohne Angst zu leben. Ich werde Fachärztin für Naturheilkunde werden.

Ich bin stolz darauf, dass ich meiner Wahrheit getreu lebe und dass die Vergangenheit – so schwierig sie auch war – mich nicht davon abgehalten hat, der Mensch zu sein, der ich sein kann und als der ich mich schon immer gekannt habe. Ich weiß jetzt, dass ich alles erreichen kann, was ich nur will. Was mir in der Vergangenheit vermittelt wurde, kann mir niemand wegnehmen. Ich bin frei.

DIE SCHLÜSSEL
LIEGEN IN IHNEN

Die vier Schlüssel, mit denen Sie die Tür zur Schatzkammer des Lebens öffnen können, gehören nun Ihnen.

Sie besitzen den Schlüssel der *Erkenntnis* und Sie können ihn benutzen, um sich von der Kontrolle durch das Ego zu befreien. Sie wissen jetzt, dass das Ego nichts weiter ist als Ihr innerer Dialog, der Ihnen sagt, wie Sie über sich selbst, über andere und über die Welt denken. Ihnen ist klar, dass es eine Vorstellung des Verstandes ist, die wiederum durch die Überzeugungen, Meinungen und Lehren anderer zustande kam. Die Erschaffung des Egos begann mit Ihrer Geburt und dauert bis heute an.

Sie besitzen den Schlüssel der *Akzeptanz* und haben gelernt, wie Sie sich damit von negativen Urteilen befreien können. Sie wissen, dass Urteile zweierlei sind, nämlich zum einen Ihre Vorstellung davon, wie andere über Sie denken, sowie zum anderen Ihre Selbstwahrnehmung aufgrund dieses Filters.

Sie besitzen den Schlüssel der *Vergebung*, und Sie wissen, wie Sie sich mit seiner Hilfe von der Vergangenheit befreien können. Ihnen ist klar, dass Sie nicht zurückgehen und die Vergangenheit ändern können, aber Sie können sich selbst und anderen vergeben in dem Wissen, dass Sie aus diesen Erfahrungen viele Lektionen gelernt haben.

Sie haben den Schlüssel der *Freiheit* erlangt und wissen, wie Sie damit die Tür zu einem selbstbestimmten Leben öffnen können. Sie wissen, dass Freiheit bedeutet, leben zu können, ohne sich von den Lasten der Vergangenheit kontrollieren und Ihr Denken von ihnen manipulieren zu lassen. Sie sind frei.

Benutzen Sie dieses Buch als ständigen Begleiter. Es ist so angelegt, dass Sie es immer wieder lesen und daraus lernen können. Vielleicht haben beim ersten Durcharbeiten die Affirmationen Ihr Leben verändert, zum Beispiel: *Ich akzeptiere mich selbst mit Verstand, Körper und Geist. Ich bin perfekt mit diesem Körper, den ich habe. Ich wachse und entwickle mich und ich werde zu dem Menschen, der ich sein soll. Es gibt kein Ego mehr. Ich akzeptiere, dass ich meiner Liebe würdig bin.*

Wenn Sie das Buch zum zweiten Mal lesen, dann sind Sie vielleicht völlig verblüfft, dass Ihnen aus dem Text etwas ins Auge springt, was an ein tiefes Wissen in Ihnen rührt. Und Sie sagen sich: *Es stimmt – ich bin fähig. Dieses Teilchen vom Puzzle hatte ich völlig vergessen. Ich konzentriere mich jetzt wieder auf die Schritte, die mich vorwärtsbringen. Dafür habe ich mich aus eigenem Antrieb entschieden, denn mein Ego kontrolliert mich nicht mehr.*

Beim dritten Mal sind Sie vielleicht gerade in einer neuen Lebensphase, und plötzlich verstehen Sie etwas ganz anders als bisher. Nutzen Sie das Wissen auf den vorangegangenen Seiten, um mit seiner Hilfe in der Freiheit zu leben, die Sie verdient haben.

Um frei zu bleiben, müssen Sie das Ego ständig kontrollieren. Seien Sie wachsam und achten Sie auf die Zeiten, in denen es versucht, wieder die Oberhand zu gewinnen – etwa bei einem finanziellen Rückschlag, wenn eine Beziehung auseinandergeht oder wenn eine Freundschaft zerbricht. Solche Dinge passieren einfach. Denken Sie dann daran, dass Sie, solange Sie die Situation bewusst erkennen und nicht zulassen, dass das Ego Sie kontrolliert, das Geschehene immer akzeptieren, vergeben und sich davon befreien können. Sie können nach vorne schauen, denn Sie wissen, wer Sie sind und dass Sie alles erreichen können, was Sie sich wünschen.

Seien Sie auch darauf vorbereitet, dass sich selbst in der Freiheit hin und wieder Schuldgefühle melden. Warum müssen Sie sich nach all der inneren Arbeit immer noch mit Schuldgefühlen auseinandersetzen? Solche Reue könnte Ihnen zum Beispiel sagen, dass Sie eine Lektion noch nicht vollständig gelernt haben und womöglich gerade drauf und dran sind, diese Erfahrung zu wiederholen. Sie versucht, Sie wieder auf den rechten Weg zu bringen. Das ist nichts Negatives, sondern etwas Positives. Die Reue sagt Ihnen: Moment mal, halte inne. Du bist gerade drauf und dran, etwas zu wiederholen, was deiner alten Identität entspricht, also jenem inauthentischen Selbst, das sich so sehr selbst verachtet hat und so wütend auf sich war.

Vergeben Sie der Erinnerung, die die Schuldgefühle weckt, und vergeben Sie allen, die daran beteiligt waren. Machen Sie sich klar, dass Sie die Lektion vollständig gelernt haben und diesen Weg nicht mehr beschreiten werden. Akzeptieren und lieben Sie sich und befreien Sie sich von diesem Muster. Sie leben jetzt Ihr wahres Selbst, Sie leben authentisch. Vergeben Sie sich für das, was war, lernen Sie die Lektionen, und die Schuldgefühle werden verschwinden.

Gelegentlich werden Sie feststellen, dass ein bestimmtes Thema – eine bestimmte Angst – Ihnen immer wieder begegnet. Wenn das passiert, dann schauen Sie dieses bestimmte Thema eingehender an. Gehen Sie ihm nach und finden Sie heraus, warum es Sie kontrolliert. Entdecken Sie, woher es kommt. Auf welche Weise kommt es immer wieder hoch und warum lassen Sie das zu? Was löst es aus? Alle Ängste existieren aus einem bestimmten Grund. Alles, was sich selbst immer wieder neu erschafft, auch nachdem Sie die Schlüssel gefunden haben, hat einen Sinn.

Unternehmen Sie eine kleine Selbsterkundung, um dies herauszufinden. Vielleicht ist es eine echte Angst, die Sie vor etwas beschützt, was auf Sie zukommen würde. Vielleicht ist sie prophetisch und erfordert Ihr aktives Handeln. Wenn das der Fall ist, dann folgen Sie Ihrer Intuition und handeln Sie.

Was aber tun, wenn Sie feststellen müssen, dass die Angst nur deshalb wiedergekommen ist, weil Sie zugelassen haben, dass das Ego wieder die Kontrolle übernimmt? Was dann? Müssen Sie jetzt noch einmal ganz von vorne anfangen und wieder den Weg des Erkennens, Akzeptierens und Vergebens gehen? Müssen Sie alle Bausteine noch einmal überprüfen und erneut loslassen? Wenn Sie das machen – dann handeln Sie genau richtig! Immer wenn das Ego auch nur ein Zipfelchen Kontrolle erlangt hat, müssen Sie innehalten, erkennen, akzeptieren und vergeben, um wieder zur Freiheit zu gelangen.

Ihre Reise begann mit den ersten Seiten dieses Buches, und jetzt halten Sie die Schlüssel in der Hand, um diesen Weg Ihr ganzes restliches Leben lang fortzusetzen. Benutzen Sie die Schlüssel … und genießen Sie alles, was Sie sich erschaffen.

DANKSAGUNG

Von Denise Marek:

Meinen beiden Töchtern, Lindsay und Brianna – ich liebe euch sehr. Danke für die unglaubliche Freude, die Liebe und das Lachen, mit denen ihr mein Leben bereichert. Ich bin unglaublich stolz auf die freundlichen, starken und liebevollen Frauen, die ihr beide werdet. Danke für eure Geduld, als Sharon und ich dieses Buch geschrieben haben. Und danke dafür, dass ihr mich bei jedem Schritt geliebt, ermutigt und inspiriert habt. Ich wünsche euch, dass ihr immer wisst, wer ihr wirklich seid, dass ihr eurem Herzen folgt und euer authentisches Leben führt.

Ich danke auch Terry Marek. Wir haben zwei wunderbare Töchter auf diese Welt gebracht, und ich bin sehr dankbar, dass du ihnen ein so liebevoller Vater bist. Ich schätze dich und ich wünsche dir viel Liebe und Glück.

Sharon Quirt gilt mein herzlicher Dank. Über die letzten paar Jahre haben wir ein ordentliches Stück Weg zurückgelegt. Danke, dass du mich unterwegs geleitet und unterstützt und mir geholfen hast, mein eigenes inneres Selbst und meine Stärke zu entdecken. Ich fühle mich geehrt, dass ich dieses Buch mit dir zusammen schreiben durfte, und noch mehr, deine Freundin zu sein.

An meine Familie: Ihr habt alle zu den Lektionen und Erfahrungen beigetragen, die mich zu dem gemacht haben, was ich heute bin, und ich bin dankbar für jede und jeden Einzelnen von euch. Mein tief empfundener Dank geht – in alphabetischer Reihenfolge – an Jim und Joan Allcock, Courtney Forbes, Murray und Betty Forbes, Murray und Laura Forbes, Bob und Jo-Anne Kite, Marion Kite, Deanna und Ted Thomas, Erin Thomas und Nicholas Thomas. Außerdem danke ich den Familien Forbes, Geris und Neabel. Ich liebe euch.

Meinen herzlichen Dank an meine Freunde: Melissa und Nash Annan – danke für eure Ermutigung und das Geschenk des Lachens. Dan Carter und Paula Beebe – ich weiß gar nicht, wie ich euch sagen soll, wie viel mir unsere Freundschaft bedeutet; ich liebe euch beide. Jim Estill – ich danke dir für deine Geradlinigkeit und Führung; so viel beschäftigt du auch bist, du warst immer für mich da, damit ich mich wieder aufs Wesentliche konzentrieren konnte (»an die Arbeit«). Alison Fleming – danke für deine positive Energie; sie zieht Kreise und hat mein Leben bereichert. Burt Henderson – ich schätze deine Freundschaft und ich bin dankbar, dich um mich zu haben. Mike Peleshok – perfektes Timing! Danke für deine Begeisterung, Energie und Ideen. Michael Shire – ich bin so froh, dass du deine Begabung gefunden hast und sie an andere weitergibst. Das ist ein Geschenk. Denna Thomas – wow!

Ich bin glücklich, eine Schwester zu haben, die zugleich eine so tolle Freundin ist. Ich bin dir unglaublich dankbar für deine Unterstützung, deine Liebe und deine Ermutigung. Du bist innerlich und äußerlich wunderschön und ich liebe dich sehr.

Meine tief empfundene Wertschätzung geht an Marlene Jobb, Rob McGlashan, Caitlin Jobb, Dave Stone, Alex Jobb und Ethan Jobb. Ihr seid eine tolle Familie und ich fühle mich geehrt, dass ihr meine Freunde seid. Eure Freundlichkeit, Großzügigkeit und Anteilnahme berühren mich tief. Ich bin ewig dankbar für euch alle und für die große Bedeutung, die ihr in meinem Leben und in dem meiner Töchter habt.

Außerdem möchte ich drei herausragenden Frauen danken, die die Welt ein wenig besser machen: Robin Dines, Beth McBlain und Debbie McCoy. Ich habe euch schrecklich lieb. Danke für eure Weltsicht, eure Energie, eure Wärme und euer Mitgefühl. Ich sende euch allen mein Licht und meine Liebe.

Ein riesengroßes Dankeschön an unser herausragendes Redaktionsteam: Heather Anderson, Katherine Coy, Jessica Kelley, Jill Kramer und Catherine Leek.

Zu guter Letzt geht mein besonderer und reichlicher Dank an Reid Tracy beim Hay House Verlag. Weil Sie an dieses Projekt geglaubt haben, können *Die vier Schlüssel* nun den Weg in die Hände all derer finden, die die Schatzkammer des Lebens für sich öffnen möchten. Aus meinem tiefsten Herzen: Danke schön!

Von Sharon Quirt:

Mein tief empfundener Dank und meine Anerkennung geht an folgende Menschen: Ich beginne mit meinem Sohn Eric, der zu einer Zeit zu mir kam, als mein Leben strengstens von meinem Ego kontrolliert wurde. Vom Tag seiner Geburt (dem 18. Mai 1984) an war er für mich von Gott gesandt und ein Engel. Ich gebe zu, dass alles, was ich über bedingungslose Liebe weiß, nur daher kommt, dass er in mein Leben getreten ist. Danke, Eric. Du hast mich in diesem Leben so viel gelehrt. Ohne dich, da bin ich mir sicher, hätte mich mein Weg in eine wesentlich weniger selbstbestimmte Richtung geführt. Eric, ich liebe dich von ganzem Herzen. Ich bin sehr stolz darauf, deine Mutter zu sein.

An Denise Marek – dafür, dass ich diese Wissensreise mit dir zusammen machen durfte, dass ich dich lehren und führen und an deinem wunderbaren Leben teilhaben durfte. Ich bin so stolz auf dich, Denise und dankbar, deine Freundin und Geschäftspartnerin sein zu dürfen. Danke, Denise, dass du die beste Geschäftspartnerin bist, die ich je hatte. Ich freue mich auf einen langen und glücklichen gemeinsamen Weg. Ich bewundere und liebe dich sehr. Danke an deine Mädchen, dass sie mir erlaubt haben, so viel von deiner Zeit zu beanspruchen, damit wir dieses Buch schreiben konnten. Ihr seid beide Engel.

An Ken Chartrand: Du bist zu einer Zeit in mein Leben getreten, als ich lernen musste, was Freiheit wirklich bedeutet. Emotional habe ich mich in einer Beziehung nie frei gefühlt. Doch jetzt, in deiner Liebe, bin ich frei. Danke, dass du mein bester Freund bist und mich bedingungslose Liebe auf einer Stufe lehrst, die ich bisher noch nie erlebt habe. Ich liebe dich: ein Mann, eine Frau, für immer.

An Louise Hay für alle Weisheit, die Sie mir mit Ihren Büchern, CDs und Seminaren vermittelt haben. Sie sind wirklich eine Inspiration.

An Susan Weaver und Tammy Gould, meinen zwei liebsten Frauen auf der ganzen Welt, für all die vielen Male, die ihr mir geholfen habt, mich wieder besser und stärker zu fühlen und zu wissen, dass ich wahrer Freundschaft würdig bin. Ich bin euch beiden zutiefst dankbar.

ÜBER DIE AUTORINNEN

Denise Marek ist in Nordamerika bekannt als »die Sorgen-Management-Expertin«. Als Vortragsrednerin, Autorin und Moderatorin mehrerer Fernsehsendungen hat sie Hunderttausenden geholfen, ihre Neigung, sich Sorgen zu machen, in ein Gefühl innerer Ruhe zu verwandeln. Sie hat ihnen geholfen, Selbstvertrauen und Risikobereitschaft zu finden und ihr Leben neu zu gestalten. Seit 1997 hält sie professionell Vorträge bei Wirtschaftsunternehmen, Behörden, Finanzinstituten und Berufsverbänden. Im Juni 2001 wurde ihr der angesehene *Toastmasters International Accredited Speaker Award for Professionalism and Outstanding Achievements in Public Speaking* verliehen. Sie lebt in Ontario, Kanada.
www.denisemarek.com

Sharon Quirt berät Menschen auf der ganzen Welt, unter anderem in den USA, Kanada, Großbritannien, Italien, Frankreich und Südamerika. Sie hilft ihnen, die Kunst des sinnerfüllten und freudvollen Lebens wiederzuentdecken. Aufgrund ihrer Lebenserfahrung, umfassenden Bildung (von Metaphysik über Jura und Medizin bis Wirtschaft) und klaren Intuition besitzt sie die Gabe, Ihre Wahrheit anderen zu vermitteln, sie zu verstehen und auszusprechen. Sie hat gelernt, auf ihr inneres Selbst zu hören und sich von ihren Stärken leiten zu lassen. So wurde sie frei von ihrem Ego und lebt heute ein Leben in Glück, Fülle und Frieden. Sie wohnt in Ontario, Kanada. www.sharonquirt.com

Vorträge, Seminare und Workshops

Denise Marek und Sharon Quirt blicken auf über 20 Jahre Erfahrung als Autorinnen, Vortragsrednerinnen, Wirtschaftsberaterinnen und Coaches bei Spitzenunternehmen und -organisationen auf der ganzen Welt zurück. Jede hat bereits international Veranstaltungen zu den Themen Führung, Persönlichkeitsentfaltung, Life Balance, Stressreduktion, Sorgen-Management, effektive Kommunikation und Motivationstraining abgehalten, wobei die Gruppengröße von 10 bis zu 10.000 Teilnehmenden reichen kann. Zusammen bieten Denise Marek und Sharon Quirt eine dynamische Präsentation, die Sie und Ihre Organisation weiterbringt. Sie demonstrieren die Prinzipien des Empowerment (der Entdeckung und Entfaltung des eigenen Potenzials) aus erster Hand und bewirken so dauerhafte Veränderungen bei Mitarbeitermotivation, Verhalten, Teamwork und Beziehungen in Ihrer Organisation. Sie verhelfen Ihnen zu persönlichem und geschäftlichem Erfolg.

Buchen Sie Denise Marek und Sharon Quirt für Ihre nächste Konferenz oder Inhouse-Veranstaltung unter www.denisemarek.com oder www.sharonquirt.com.